LES MALHEURS DE L'AMOUR.

PREMIERE PARTIE.

—— *Inſano nemo in amore ſapit. Propert.*

A AMSTERDAM.

M. DCC. XLVII.

EPITRE
DE'DICATOIRE.

A

M.....

M.

Je n'écris que pour vous. Je ne desire des succès que pour vous en faire hommage. Vous êtes l'Univers pour moi.

LES MALHEURS DE L'AMOUR.

PREMIERE PARTIE.

MON Grand-Pere avoit acquis de grands biens dans une Charge de Finance, & laissa mon Pere à portée de les accroître par la même voie. Des richesses acquises avec tant de facilité persuadent volontiers à ceux qui les poſſédent, qu'elles leur ſont duës : & ne leur laiſſent qu'une eſpéce de mépris, pour ceux que la fortune n'a pas auſſi-bien traités.

Mon pere étoit né pour penſer plus raiſonablement: il ne lui manquoit, pour avoir de l'eſprit & du mérite, que la néceſſité d'en faire uſage ; mais on ne ſent guère cette néceſſité, quand on jouit d'une grande fortune, qu'on n'a pas eu la peine d'acquerir. Les talens & les penſées ſaines ſont presque toujours le fruit du besoin ou du malheur.

Ma mere étoit d'une condition pareille à celle de mon pere : ils joignirent par leur mariage des richesses à des richesses & je naquis dans le sein d'une abondance, que ma qualité de fille unique ne me donnoit à partager avec personne.

Mon éducation s'en ressentit. A peine avois-je les yeux ouverts, que je savois déja, que j'étois une grande héritiére. Non-seulement on ſatisfaiſoit mes fantaiſies: on les faiſoit naître. On m'accoutumoit à être fiére & dédaigneuſe. On vouloit que je dépenſaſſe ; mais on ſe gardoit bien de m'apprendre à donner. Enfin on n'oublioit rien pour me rendre digne de l'état de grande Dame , que je devois avoir un jour

L'uſage eſt établi de mettre à un certain âge les filles dans un Couvent pour leur faire remplir les premiers devoirs de la Religion : la vanité décida de celui où je devois être. Une Abbaye célébre fut choisie, parce qu'on y mettoit toutes les filles de condition, & qu'il étoit du bon air d'y être élévée. Le faste me suivit dans le Couvent : on n'eut garde de me laisser à la nourriture ordinaire, dont toutes les Pensionnaires, qui valoient mieux que moi s'accomodoient. Il me falloit des mets particuliers. Ma Fille est délicate, disoit ma Mere (car il est de l'eſſence d'une héritiere de l'être) elle ne ſeroit pas nourrie. Cette ſanté prétenduë délicate, étoit cependant très-robuſte ; mais ce qu'elle ne demandoit pas, la vanité de mes Parens le demandoit. Il me falloit à toute force, des diſtinctions : on voulut, que j'euſſe par le même principe, outre une femme pour me ſervir, une gouvernante en titre. Quoique ce ne fût pas l'uſage de la Maiſon, les Religieuſes éblouiës de la grosse pension consentirent à tout.

Il n'est guére de lieux où les richesses en imposent plus que dans les Couvens : les Filles qui y sont renfermées, dans le besoin continuel où elles sont d'une infinité de petites choses, regardent avec respect celles dont elles espérent de les recevoir : aussi eus-je bientôt une Cour assiduë. Loin de s'occuper à me corriger, on me louoit à l'envi. J'étois la plus aimable enfant qu'on eût jamais vuë. On me donnoit par-tout la premiere place & on me remplissoit la tête de mille impertinences. Mon pere & ma mere, charmés de ce qu'on leur disoit de moi, redoubloient leurs présens; & j'en étois encore mieux gâtée. J'étois parvenuë à ma quatorziéme année, que je n'avois encore reçu ni chagrin ni instruction : une petite avanture qui m'arriva me donna l'un & l'autre.

Ma Gouvernante me faiſoit manger quelquefois au Refectoire, pour étaller aux yeux de mes Compagnes ma magnificence. Je faiſois part à mes complaiſantes de ce qu'on me ſervoit ; les autres n'en tâtoient pas : c'étoit une leçon que ma Gouvernante m'avoit donnée, que je ſuivois cependant avec peine : il y avoit dans le fond de mon cœur quelque choſe qui répugnoit à tout ce qu'on me faiſoit faire.

Mademoiſelle de Renonville, d'une des premieres Maiſons de Picardie ; auſſi ſottement fiére de ſa Nobleſſe, qu'on vouloit que je le fuſſe de mes richeſſes ; ne s'étoit jamais abaiſſée à venir chez moi : elle fit plus ce jour-là ; elle s'empara de la place que j'avois coutume d'occuper ; j'allois en prendre une autre, quand ma Gouvernante, offenſée de ce manque de reſpect, s'aviſa de vouloir me faire rendre la mienne.

Cette diſpute fut longue

& vive. La Renonville exagera les avantages de sa naissance, & n'épargna point les traits les plus piquans sur la mienne. Pendant ce temps-là j'avois les yeux baissés ; je ne sçavois que faire de toute ma personne : je sentois confusément, du dépit, de la colere & de la honte. Ce que j'entendois m'étoit tout nouveau, & me faisoit naître des idées, qui étonnoient mon petit orgueil.

Une Religieuse plus raiſonnable que les autres, & véritablement raiſonnable, vint me tirer de cette embarraſſante ſituation, & m'emmena dans ſa chambre.

Dès que nous y fûmes, je me mis à pleurer de tout mon cœur. Sçavez-vous ce qu'il faut faire, me dit la Religieuſe? Il faut, au lieu de pleurer, être bien-aiſe de n'avoir point de tort. Hélas! non, je n'en ai aucun répondis-je, en continuant de pleurer, ſi ma Gouvernante ne m'en avoit empêchée, je me ſerois miſe ailleurs, & je n'aurois pas le chagrin que j'ai. Ce qui me fâche c'eſt que les Penſionnaires, qui me font le plus de careſſes, étoient bien-aiſes de me voir mortifiée. Que veut dire Mademoiſelle de Renonville, que je lui dois du reſpect? Pourquoi lui en devrois-je? Vous ne lui en devez point auſſi, répondit la Religieuſe, mais elle eſt fille de qualité, & vous ne l'êtes pas.

Ces diſtinctions étoient toutes nouvelles pour moi, mais par une eſpéce d'inſtinct je craignois d'en demander l'explication. Eugenie (c'étoit le nom de la Religieuſe) n'attendit pas mes queſtions : vous avez le cœur bon, me dit-elle, & je vous crois l'eſprit aſſez avancé, pour être capable de ce que j'ai à vous dire. On ne vous a mis juſques-ici que des idées fauſſes dans la tête, & il faut vous en défaire.

Votre pere a acquis son bien par des voïes, & dans des emplois peu honorables : c'est une tâche qui ne s'efface jamais entiérement. Mais pourquoi, demandai-je, cette Noblesse est-elle tant estimée ? C'est me répondit-elle, que son origine est presque toujours estimable : d'ailleurs il a fallu quelques distinctions parmi les hommes ; celle-là étoit la plus facile.

Ma mere, qui vint me voir, interrompit cette converſation. Ma Gouvernante s'empreſſa de lui exagerer l'affront que je venois de recevoir. Ma ſortie fut réſolue ſur le champ, je n'en fus pas fâchée. J'éprouvois avec mes Compagnes, à-peu-près la même honte, que ſi elles m'avoient vue toute nuë. Je regretois pourtant Eugenie : elle m'avoit dit, à la vérité, des choſes fâcheuſes, mais elle ne m'avoit pas mépriſée ; une lueur de raiſon, qui commençoit à m'éclairer, me me faiſoit ſentir que j'avois beſoin de ſes inſtructions.

J'allai la trouver dans ſa cellule : je l'embraſſai de tout mon cœur, & à pluſieurs repriſes. Ce que vous faites, me dit-elle, ma chere enfant, prouve votre heureux naturel : il ſeroit bien triſte, que vous ne fuſſiez pas raiſonnable ; vous êtes faite pour l'être ; mais les exemples, que vous allez avoir devant les yeux, vont vous ſéduire ; vous êtes encore bien jeune, pour y résister. Je vous aime, je veux que vous m'aimiez aussi. Venez me voir souvent, je vous donnerai mes avis ; & si vous avez confiance en moi, je vous ferai éviter des ridicules, & peut-être des malheurs réels.

Je l'embrassai une seconde fois : nous pleurâmes toutes deux en nous quittant ; & cette conversation fut le commencement d'une liaison à laquelle je dois le peu que je vaux. Eugenie m'a éclairée ſur la plûpart des choſes : elle me les a fait voir telles qu'elles ſont : & ſi elle ne m'a pas empêché de faire de grandes fautes, elle me les a du moins fait ſentir.

Dès que je fus retournée dans la maiſon paternelle, on ſongea à me donner des Maîtres, que je n'avois pu avoir dans le Couvent ; les plus chers furent préférés. On ſe perſuade, quand on eſt riche, que les talens s'achettent, comme une étoffe. Heureusement la nature avoit mis ordre, que la dépense ne fut pas perdue avec moi. J'étois née avec les plus heureuses dispositions. Je fus bientôt la meilleure Ecoliere de mes Maîtres. J'avois, outre cela, une figure charmante : il y a si long-tems que j'étois belle, qu'il n'y a plus de vanité à dire, que je l'étois en perfection.

Etre belle, être excessivement riche, c'étoit plus qu'il n'en falloit pour attirer les prétendans ; aussi vinrent-ils en foule : heureusement mon pere s'étoit mis dans la tête de ne me marier qu'à dix-huit ans.

Ma mere seule eût été bien capable d'attirer du monde chez elle : si elle n'étoit pas aussi réguliere-ment belle que moi, elle ne laissoit pas de l'être beau-coup : & si elle n'eût vou-lu être que ce qu'elle étoit, elle eut été, tout-à fait ai-mable : mais elle vouloit être une femme de condition ; elle en prenoit autant qu'elle pouvoit, les airs & les manieres : ce n'est pas tout, elle vouloit avoir plus d'esprit que la nature ne lui en avoit donné. Il y a de certaines expressions, que les gens du grand monde mettent de tems en tems à la mode, qui signifient tout ce qu'on veut, qui ont été plaisantes la premiere fois qu'on en a fait usage, mais qui deviennent précieuses ou ridicules, quand on s'avise de les trop répéter.

Ma mere tomboit à tout moment dans cet inconvenient : les façons communes de parler n'étoient point de son goût : les élégantes ne lui étoient pas familieres, elle s'y méprenoit presque toujours ; je ne sçai si c'étoit pour se donner le tems de les trouver, ou si elle y entendoit finesse, mais elle traînoit toutes ses paroles.

Que la façon libre dont

je parle de ma mere, ne prévienne point contre moi : je n'ai jamais manqué à ce que je lui devois : je l'ai aimée tendrement, & j'étois quelquefois au desespoir du soin, qu'elle prenoit de gâter tout ce qu'elle avoit de bon & d'aimable : je m'imaginois, que mon exemple la corrigéroit : j'avois pour cela une attention continuelle à éviter tout ce qui avoit la plus légere apparence d'affectation.

Du

Du caractére dont je viens de la dépeindre, on juge bien qu'elle ne vouloit vivre qu'avec les personnes de qualité : les noms, les titres faisoient tout auprès d'elle : avec quel soin, avec quelle dépense alloit-elle se chercher parmi ces gens-là, des ridicules & des dégoûts! N'importe, tout étoit supporté pour avoir le plaisir de se montrer aux spectacles avec une Duchesse, & pour dire à quelques complaisans du second ordre, la Ducheſſe une telle, le Duc un tel viennent ſouper chez moi.

Ces jours ſi agréables n'étoient cependant pas ſans embarras : il falloit écarter de la maiſon ces mêmes complaiſans, à qui mon pere avoit donné le droit de venir familiérement, & dont ma mere auroit eu honte. Quelques petits parens étoient dans le même cas, & augmentoient les embarras, car on ne vouloit point abſolument les montrer, & ils n'étoient nullement disposés à se cacher.

Je me rappelle encore avec une sorte de honte ce qui se passoit, les jours où les grandes compagnies devoient venir. Tout étoit dès le matin en l'air dans la maison. Les instructions que ma mere distribuoit, commençoient par mon pere : on ne pouvoit le renvoyer comme les autres ; il falloit du moins tâcher de lui donner les maniéres convenables. C'étoit comme je l'ai dit, un bon homme qui auroit eu naturellement le ſens droit, ſi ſa femme lui en avoit laiſſé le pouvoir : mais à force de lui vanter l'excellence de vivre dans ce qu'elle appelloit la bonne compagnie, il s'en étoit coëfé preſque autant qu'elle. On lui avoit ſurtout recommandé des airs aiſés; il eſt difficile de ne pas confondre une liberté honête, avec la familiarité;

l'usage du monde apprend seul ces différences délicates ; aussi mon pere & ma mere s'y méprenoient-ils toujours.

Jamais de titres, jamais de Monsieur, même en leur parlant : ils n'en venoient pas avec moins d'empressement dans la maison ; la liberté d'y amener qui on vouloit, & plus encore peut-être le plaisir de se mocquer de nous, ne laissoient pas sentir à ces grands Seigneurs, & à ces grandes Dames, qu'il y avoit autant d'indécence à eux d'y venir, qu'à nous de sotise de les recevoir.

Ma mere ne pouvoit se dispenser d'être coquête : l'état de jolie femme & de femme du grand monde l'exige : la difficulté étoit d'avoir des amans de bon air. Un homme qui eût été de la Cour, lui eût fait tourner la tête ; mais ces Messieurs ont aussi leurs maximes. Ce seroit du dernier ridicule d'accorder des ſoins ſuivis à une Bourgeoiſe, & de s'y attacher ſérieuſement.

Ma préſence ne nuiſoit à rien. L'uſage qui ne permettoit pas à une mere d'avoir des prétentions, quand ſa fille paroiſſoit dans le monde, étoit changé dès ce tems-là; chacune avoit ſes adorateurs : il arrivoit même aſſez ſouvent que l'on commençoit par la mere, ſurtout lorſqu'il étoit queſtion de mariage.

Entre les familiers de la

maiſon, le Chevalier de Dammartin étoit le plus autoriſé, c'eſt lui qui donnoit le ton. La malignité, plus encore la vanité, le rendoient cauſtique & médiſant : il mépriſoit tout le monde, pour s'eſtimer plus à ſon aiſe. A force de parler contre la nobleſſe des autres, on s'étoit perſuadé l'excellence de la ſienne : la même voie lui avoit acquis la réputation de vertu & de probité. Il s'étoit établi Juge. Il décidoit ſouverainement en tout genre, mais il ne parloit pas tous les jours. Il étoit établi qu'il avoit de l'humeur; on la respectoit : je crois en vérité qu'on lui en faisoit un mérite. Mon pere étoit le seul, pour qui il n'en eût point, il lui sourioit même quelquefois; il est vrai que cette faveur précédoit toujours quelques emprunts, qu'on ne rendoit jamais.

Les autres hommes qui nous faisoient l'honneur de

venir ſe mocquer de nous, étoient la plûpart des Petits Maîtres : beaucoup de ſuffiſance ; un babil intariſſable : une très - grande ignorance ; un ſouverain mépris pour les mœurs : nuls principes, vicieux par aïr, & débauchés par oiſiveté : voilà ce qu'ils étoient tous.

Je paſſai près d'une année après ma ſortie du Couvent ſans être admiſe dans les grandes compagnies : on voulut auparavant me laiſſer acquérir la bonne grace du Maître à danſer, m'inſtruire de ce qu'on appelle le ſçavoir vivre, la politeſſe, & ſurtout me donner le bon ton.

Si je voulois me laiſſer aller aux réflexions, cette matiere m'en fourniroit beaucoup, mais elles ſeroient également inutiles à ceux qui ſont capables d'en faire, & à ceux qui n'en font jamais.

Je regagnois mon appartement auſſi-tôt qu'on

avoit dîné : j'y passois peut-être les plus doux momens que j'aie passé de ma vie. Dès que mes Maîtres m'avoient quittée, je lisois des Romans que je dévorois. Un fond de tendresse & de sensibilité que la nature a mis dans mon cœur, me donnoit alors des plaisirs sans mélange. Je m'intéressois à mes héros : leur malheur & leur bonheur étoient les miens. Si cette lecture me préparoit à aimer, il faut convenir aussi qu'elle me donnoit du goût pour la vertu : je lui dois encore de m'avoir éclairée ſur mes amans.

Le Marquis du Freſnoi qui s'attacha à moi dès que je parus dans le monde, fut le premier qui donna lieu à mes remarques : je lui plaiſois plus qu'il ne vouloit qu'on le crût ; auſſi n'avoit-il garde d'employer les petits ſoins & les complaiſances ; il cachoit au contraire, autant qu'il lui étoit poſſible, l'attention qu'il avoit à me ſuivre & à me regarder.

Je crois qu'il eût voulu me le cacher à moi-même; du moins s'il eût oſé, il m'en eût demandé le ſecret. Rien n'étoit plus plaiſant que les peines qu'il prenoit, pour donner à ſes galanteries un air cavalier; c'étoit comme s'il m'eût dit, je vous conſeille de m'aimer: mais le ton devenoit différent, quand le hazard lui fourniſſoit l'occaſion de me parler en particulier. L'amour qui n'avoit rien alors à démêler avec la vanité, se montroit tendre & devenoit timide.

Toute jeune que j'étois, le contraste de cette conduite me paroissoit parfaitement ridicule & me donnoit pour Mr. du Fresnoi des sentimens très-différens de ceux qu'il vouloit m'inspirer. Il ne fut pas longtems sans avoir des rivaux : ma beauté & la qualité de grande héritiere lui en donnoient de deux espéces :

ceux qui vouloient m'épouſer & ceux qui croioient leur honneur intéreſſé à attaquer toutes les jolies femmes : je ne ſçai auquel de ces deux motifs je dûs l'amour du Marquis de Crevan, il étoit aſſez aimable, ſans être cependant exemt des airs & des défauts des gens de ſon âge.

J'allois tout conter à mon Eugénie : elle rioit de mes dégoûts & de mes ſurpriſes. Gardez-vous comme vous êtes, me diſoit-elle, le plus long-

long-tems que vous pourrez. Votre pere vous aime ; profitez de cette tendresse pour choisir un mari qui vous rende heureuse : votre raison & votre cœur ne parlent encore pour personne ; je voudrois bien que le cœur se tût toujours. Mais je crains qu'il ne se mêle un jour de vos affaires plus qu'il ne faudroit. Vous avez un fond de sensibilité qui m'allarme pour le repos de votre vie. Vous êtes perdue, mon enfant, ſi vous trouvez quelqu'un qui ſçache aimer, & vous perſuader qu'il vous aime.

Hélas! je touche au moment, où cette prédiction devoit s'accomplir. Ma mere, avide de tous les lieux où l'on pouvoit ſe montrer, retint une loge pour la premiere répréſentation d'une Piéce. Nous devions y aller avec une Ducheſſe, qui nous avoit pris pour pis-aller, & qui trouva une compagnie plus convenable.

Nous voilà donc ma mere & moi, ſeules dans le premier balcon. Le Théâtre étoit plein de tout ce qu'il y avoit de Gens de Condition à la Cour, & à la Ville. Ma mere pour jouir de la gloire de connoître la plûpart d'entr'eux, ne ceſſoit de faire des révérences. Pour moi, uniquement occupée du plaiſir d'entendre la Piéce & du ſoin de cacher les larmes qu'elle me faiſoit répandre, je ne voyois perſonne; mais l'impatience d'entendre le bruit que faiſoit le Marquis du Freſnoi attira mes regards ſur lui : il diſputoit ſur le mérite de la Piéce avec un homme que je ne connoiſſois point, ou plûtôt il lui reprochoit de l'écouter ; car ces Meſſieurs condamnent ou approuvent, ſans ſçavoir le plus ſouvent dequoi il eſt queſtion. Comme il vit, que je le regardois, qu'il entendoit qu'on ſe recrioit autour de lui ſur ma beauté, il crut qu'il pouvoit, ſans ſe faire tort, venir un moment dans notre loge.

Je m'apperçus, que celui avec qui il avoit parlé, lui demanda avec empreſſement, lorſqu'il eut repris ſa place, qui nous étions. C'eſt la fille & la femme d'un homme d'affaire, répondit-il : la fille eſt jolie, comme vous voyez ; de plus ils ont un bon Cuiſinier ; voilà ce qui m'a fait faire connoiſſance avec eux. Vous n'êtes donc point amoureux, dit celui à qui il parloit ? Mais comme cela, répondit Monsieur du Fresnoi, si vous n'avez rien de mieux à faire, je vous y menerai souper ce soir ; vous me ferez même plaisir : je vais engager encore deux ou trois hommes de mes amis ; car il n'est pas mal d'être les plus forts dans cette maison.

Quelque répugnance que le Comte de Barbasan (c'est le nom de celui à qui il parloit) eût d'être présenté par quelqu'un, dont il connoiſſoit tous les ridicules, le deſir de me voir l'emporta, & la partie fut acceptée. Ils vinrent tous deux, après la Piéce, à la porte de notre loge. La préſentation de Monſieur de Barbaſan fut faite légerement : ils nous mirent dans notre carroſſe, monterent dans le leur, & furent auſſi-tôt que nous au logis, où il y avoit déja du monde.

Quelle différence, de Barbaſan, à tout ce que j'avois vû jusques-là ! Je ne parle point des graces de sa figure ; je me flatte que si elles avoient été seules, elles n'auroient pas fait d'impression sur moi : mais, son esprit, son caractére, voilà ce qui me toucha : j'eus le tems de prendre bonne opinion de l'un & de l'autre, dès ce premier jour.

La conversation roula d'abord sur la Piéce : nos Petits-Maîtres la déclarerent détestable : je l'ai dit à Barbasan

Barbaſan , dit le Marquis du Freſnoi. Ajoutez , repliqua Barbaſan , que vous me l'avez dit dès le premier acte : pour moi je ne ſuis point ſi preſſé de juger ; je vais à la Tragédie pour donner de l'occupation à mon cœur ; ſi je ſuis touché , je n'en demande pas davantage ; je ne chicane point l'Auteur ſur la façon ; je lui ſçai gré , au-contraire , des peines qu'il a priſes , pour me donner un ſentiment très - agréable.

De la Piéce, qui étoit l'histoire du jour, on passa aux avantures de la Cour & de la Ville. Barbasan soutint toûjours son caractére : il doutoit : il excusoit. Enfin, il eût voulu qu'on n'eût point cherché à avoir de l'esprit aux dépens d'autrui.

Le jeu finit les disputes. Barbasan ne joua point : je ne jouai point aussi. Nous restâmes seuls désœuvrés : je m'apperçus qu'il avoit les yeux attachés sur moi ; j'en fus embarrassée. Pour assurer ma contenance, je m'approchai de la table où l'on jouoit ; il n'osa d'abord m'y suivre ; heureusement un incident, qui attira des contestations, lui en donna le prétexte : je crois, qu'il me regarda toujours ; pour moi je n'osai lever les yeux quoique j'en eusse grande envie.

Je n'eus pas besoin de lire avant que de me mettre au lit, comme j'en avois la coutume : un trouble agréable que je n'avois jamais éprouvé remplissoit mon cœur. La figure de Barbasan se présentoit à moi. Je repassois tout ce que je lui avois entendu dire, je m'applaudissois de penser comme lui : je n'osois m'arrêter sur l'attention qu'il avoit eüe à me regarder, je n'y pensois qu'à la dérobée. Ma nuit se passa presque entiére de cette sorte. Je fus fâchée ensuite de n'avoir pas dormi. Je craignis d'en être moins jolie.

Ma toilette qui ne m'avoit point occupée jusques-là, devint pour moi une affaire sérieuse. Je voulois absolument être bien, je ne me contentois point sur le choix de mes ajustemens. Où devez-vous donc aller, me dit ma femme de chambre, étonnée de ce qu'elle voyoit? Sa question m'étonna moi-même & m'embarrassa; le sentiment qui me faisoit agir m'étoit inconnu.

Quelques-uns de ceux

qui avoient ſoupé le ſoir avec nous, vinrent y dîner le lendemain : on parla du ſoupé. Comment avez-vous trouvé Barbaſan, dit un de nos Petits-Maîtres, en s'adreſſant à ma mere ? Il ne manque pas abſolument d'eſprit ; & pour un homme qui n'a pas été dans un certain monde, il n'y eſt point trop déplacé. Quel eſt-il, dit ma mere ? On prétend, répondit celui qui avoit parlé, qu'il eſt d'une ancienne Maiſon de Gaſcogne ; mais je n'en crois rien. Pourquoi n'en parleroit-il point ? Pourquoi ne s'en feroit-il pas valoir ? Ce secours ne seroit-il pas nécessaire à quelqu'un qui n'a aucune fortune ? Il a mieux que la fortune, dit le Commandeur de Piennes, qui n'avoit pas encore parlé ; il a des sentimens d'honneur. A l'égard de sa naissance, je puis vous répondre, que tel qui vante la sienne, & qui en rompt la tête à tout propos, lui est très-inférieur, par cet endroit ; mais quoiqu'il connoiſſe le prix que ces ſortes de choſes ont dans le monde, il n'a pas le courage de leur donner une valeur, qu'elles n'ont pas à ſes yeux.

Je ne puis dire le plaiſir que me fit cet honnête homme, moins à ce que je croyois, du bien qu'il avoit dit de Barbaſan, que de ce qu'il avoit humilié l'orgueil du Petit-Maître.

Nous ſortîmes de bonne-heure pour faire des visites : jamais elles ne m'avoient paru si ennuyeuses. Ce fut bien pis encore ; ma mere, qui n'avoit point de souper arrangé chez elle, s'arrêta dans une maison. Je fus louée, admirée même ; mais ce n'étoit pas pour tous ces gens-là, que j'avois pris tant de peine d'être jolie.

Revenuë au logis, je lus avec soin la liste des visites ; le nom que je cherchois ne s'y trouva point ; j'en fus piquée & n'eus garde de m'avouer la cauſe de mon dépit ; je le mis ſur le compte de l'impoliteſſe que je trouvois à ne pas venir remercier ma mere : il me parut, que c'étoit la traiter trop cavaliérement.

Nous ſortîmes encore pluſieurs jours de ſuite, & Barbaſan ſe trouva enfin au nombre de ceux qui étoient venus à notre porte : il étoit viſible, qu'il n'avoit voulu que ſe faire écrire. Je crus qu'il ne nous trouvoit pas aſſez bonne compagnie pour lui : cette penſée me revint pluſieurs fois pendant la nuit : il ne me parut plus ſi aimable ; mais je penſois trop ſouvent qu'il ne l'étoit pas. Ce dépit me rendit preſque coquette. Je voulois plaire. Mon amour propre ébranlé par l'indifférence de Barbaſan avoit beſoin d'être raſſûré.

Les ſpectacles, les promenades me ſervoient à merveille : j'y faiſois toujours quelque recruë d'Amans. Une eſpérance ſecrette d'y trouver mon Fugitif, de me montrer à lui environnée d'une foule d'adorateurs, étoit pourtant ce qui me ſoutenoit : je le cherchois des yeux dans tous les endroits où j'étois ; dès que je m'étois convaincue qu'il n'y étoit point, mon deſir de plaire s'éteignoit. Les Amans dont je n'avois plus d'uſage à faire, me devenoient inſupportables.

Le hazard me ſervit enſin mieux que mes recherches. Nous ſortîmes un matin pour aller chez un Peintre, qui avoit des tableaux d'une beauté ſinguliére. Barbaſan y étoit : quoiqu'il y eût aſſez de monde, je l'eus bien-tôt apperçu, & en vérité, je crois que je ne vis que lui. Le cœur me battit : j'avois peur qu'il ne ſortît : ma mere qui ne voyoit là perſonne de ſa connoiſſance, ne fit pas façon de l'appeller : il vint à nous d'un air embarraſſé :

elle lui fit des reproches de ce qu'il nous avoit négligées : il répondit, qu'il s'étoit présenté plusieurs fois à notre porte. Quand on veut me trouver, dit ma mere, il faut venir dîner ou souper avec moi ; aujourd'hui, par exemple. Je suis désespéré, répondit Barbasan ; j'ai un engagement indispensable. Demain, donc, dit ma mere ; je ne suis pas plus libre demain, repliqua-t-il.

Piquée de tant de refus,

je ne pus me tenir de dire d'un ton, qui ſe reſſentoit de ce qui ſe paſſoit en moi, ma mere, pourquoi le contraindre ? Monſieur a mieux à faire. Je vois encore la façon, dont il me regarda alors : ſes yeux tendres & timides me diſoient, vous êtes bien injuſte !

Les tableaux parcourus, que nous ne regardions ni l'un ni l'autre, nous ſortîmes. A peine fumes-nous de retour au logis, que Barbaſan y arriva : il dit qu'il avoit trouvé le moyen de ſe dégager , que ſi nous voulions de lui, il paſſeroit la journée avec nous.

Le voilà établi dans la maiſon; & moi d'une gayeté qui ne m'étoit pas ordinaire. Tout prit une nouvelle face à mes yeux : ceux même qui ne me donnoient auparavant que de l'ennui, me faiſoient naître des idées plaiſantes : je crois que Barbaſan étoit dans la même ſituation : nous étions pleins l'un & l'autre

de

de cette douce joie que l'on ressent quand on commence d'aimer, & que l'on paye ensuite si chérement.

La journée se passa comme un moment : il en fut de même de plusieurs qui lui succedérent ; car Barbasan n'en passoit plus sans nous voir. Comme je n'examinois point mes sentimens, je ne me donnois pas le tourment de les combattre. Il s'établissoit cependant une intelligence entre Monsieur de Barbasan &

moi : nous nous faiſions de petites confidences ſur tous ceux de la ſocieté : un coup d'œil nous avertiſſoit l'un & l'autre, que le ridicule ne nous échappoit pas. Notre intérêt conduiſoit nos remarques, les femmes, ſi elles étoient jolies, attiroient mes railleries : & les hommes, ſurtout ceux qui vouloient être amoureux de moi, celles de Barbaſan.

Je n'étois plus ſi preſſée d'aller voir Eugénie : l'amitié devient bien foible, quand on commence à être occupé de ſentimens plus vifs ; & ſi elle reprend ſes droits, ce n'eſt que lorſque le beſoin de la confiance la rend néceſſaire : je n'en étois pas encore là : lorſque je la revis, & que je voulus, comme à mon ordinaire, lui conter ce que j'avois fait, ce que j'avois vû de nouveau ; je m'y trouvai embarraſſée. Mon cœur battit bien fort, quand il fallut nommer le Comte de Barbaſan. Il ſembloit que Eugénie me devinoit : elle me fit pluſieurs queſtions ſur ſon compte : je ne pus réſiſter au plaiſir d'en dire du bien ; & dès que j'eus commencé à parler de lui, je ne ſçus plus m'arrêter : je parlai de ſa figure, de ſon eſprit, de ſa ſageſſe.

Il ſe déguiſe peut-être mieux, dit Eugénie. Oh ! pour cela non, répondis-je, avec vivacité ; je l'ai bien examiné. Pourquoi cet examen, repliqua-t-elle?

Je meurs de peur qu'il ne vous plaîſe plus qu'il ne faudroit : prenez garde à vous, mon enfant ; quel malheur, ſi vous alliez vous mettre dans la tête un homme, que vous ne pouvez épouſer, car je conclue, par ce que vous venez de me dire, que ce Barbaſan n'eſt pas dans le rang, où l'on vous cherche un mari : gardez votre cœur pour celui à qui vous devez le donner.

La cloche qui l'appelloit

à l'Eglise ne lui permit pas de poursuivre, mais elle m'en avoit assez dit. Quelle triste lumiere elle porta dans mon ame! je revins au logis pensive, rêveuse; je n'avois pas le courage de m'examiner; je craignois de me connoître, je me rassurai pourtant un peu sur ce que Barbasan ne m'avoit rien dit qui ressemblât à l'amour. Il ne me paroissoit pas possible, que je pusse aimer quelqu'un qui ne m'auroit pas aimée.

Nous allâmes à un concert où il y avoit toujours beaucoup de monde ; j'y portai les nouvelles pensées dont j'étois occupée. Barbasan se mit vis-à-vis de moi, s'apperçut que j'étois distraite ; il crut même que j'évitois de le regarder ; inquiet, allarmé de ce changement, il m'en demanda la cause, dès qu'il put me parler. Je n'ai rien, lui dis-je, d'un air qui disoit que j'avois quelque chose. Je ne suis en droit, répondit-il, ni de vous queſtionner, ni de me plaindre; mais par pitié parlez-moi.

Ces mots furent accompagnés d'un regard qui me donna l'intelligence de ce qui ſe paſſoit dans nos cœurs: nous nous entendîmes dans le moment: nous gardâmes tous deux le ſilence, & pour la premiere fois nous nous trouvâmes embarraſſés d'être enſemble. Il fut rêveur le reſte de la ſoirée, & je continuai de l'être.

Je

Je repaſſai toute la nuit ce que Eugénie m'avoit dit : les regards, la rêvérie de M. de Barbaſan, ne me laiſſoient plus la liberté de douter de ſes ſentimens, je l'euſſe voulu alors; ce doute eût été un ſoulagement pour moi ; je m'en ſerois autoriſée pour ne pas examiner les miens.

Que faire ? Quel parti prendre ? Pouvois je interdire à Barbaſan la maiſon de mon pere ; je n'en avois pas le droit. La morale des paſſions n'eſt pas auſtere : je conclus, que je ne devois rien changer à ma conduite, & attendre de m'inquiéter que j'en euſſe des raiſons plus légitimes. Que ſçavois-je ce qui pouvoit arriver & ce que la fortune me reſervoit ?

Malgré mes réſolutions mon procédé n'étoit plus le même pour Barbaſan, ni le ſien pour moi : nous avions perdu l'un & l'autre la gaieté qui régnoit auparavant entre nous. Nous

nous parlions moins : les choses que nous nous dissions autrefois, n'étoient plus celles que nous eussions voulu nous dire : Barbasan n'y perdoit rien, je l'entendois sans qu'il me parlât.

Je passai quelque tems, de cette sorte, dans un état qui n'étoit, ni tout-à-fait bon, ni tout-à-fait mauvais ; mon pere & ma mere eurent souvent alors des conférences, qui ne leur étoient pas ordinaires : il ne m'entra point dans l'esprit que j'y eusse part ; je n'y en avois cependant que trop pour mon malheur.

Je ne l'ignorai pas longtems. Mon pere m'envoia chercher un matin ; je le trouvai seul avec ma mere qui m'annonça la premiere que j'allois être mariée avec Mr. le Marquis de N..... fils du Duc du même nom : elle eut tout le tems de me faire un étalage aussi long qu'elle voulut, des avantages de ce mariage ; que je ſerois à la Cour ; que j'aurois un tabouret, & comme c'étoit à ſes yeux le plus haut point de la félicité, elle finit par me dire, vous êtes trop heureuſe : j'ai apporté à votre pere autant de bien que nous vous en donnons : j'étois plus belle que vous : voyez la différence de nos établiſſemens ?

Mon pere, tout ſubjugué qu'il étoit, ſe ſentit piqué de cette comparaiſon. Mon Dieu ! ma femme, lui dit-il, je connois plus d'une Ducheſſe qui voudroit avoir autant d'argent à dépenſer que vous.

Ce diſcours m'autoriſa à marquer mes répugnances: on m'avoit promis, dis-je, qu'on ne ſongeroit à me marier qu'à dix-huit ans; je ne les ai pas encore: je ne me ſoucie point d'être Ducheſſe.

Si vous ne vous en ſouciez pas, nous nous en ſoucions, nous dit ma mere d'un ton aigre. Mais, ma mere, répondis-je, mon pere dit lui-même que vous êtes plus heureuſe : votre pere penſe baſſement, répliqua-t-elle, allez vous coëfer ; je dois ſortir, peut-être vous menerai-je avec moi.

Si j'avois été ſeule avec mon pere, je lui aurois montré ma douleur ; je ſentois qu'il m'aimoit pour moi ; j'appercevois au contraire dans ma mere une tendreſſe, qui ne tenoit qu'à elle ; elle avoit d'ailleurs un ton de hauteur & des manieres qui m'en impoſoient.

Je remontai dans mon appartement dans un état bien différent de celui, où j'en étois ſortie un peu auparavant : j'avois un poids ſur le cœur trop peſant pour le ſoutenir ſeule : il me falloit quelqu'un à qui je puſſe parler ; je n'avois que Eugénie ; je courus chez elle.

Deux heures de peine & de trouble avoient apporté ſur mon viſage un ſi grand changement que dès qu'elle me vit, elle me demanda avec inquiétude ſi j'étois malade. Je le voudrois, répondis-je, en pleurant ; je crois que je voudrois être morte. Qu'avez-vous donc, mon enfant, me dit-elle, dépêchez-vous de parler ; vous me donnez une véritable inquiétude. Hélas ! répliquai-je, je ſuis la plus malheureuſe perſonne du monde : mon pere & ma mere viennent de m'annoncer que je ſuis promiſe à M. le Marquis de N.....

que ferai-je, ma chere Eugénie; gardez-moi avec vous; j'aime mieux passer ma vie dans le Couvent, que d'épouser un homme que je hais, qui ne veut de moi que pour mon bien, qui croit me faire trop d'honneur, qui me méprisera dès que je serai sa femme. Je ne suis touchée, ni de la condition, ni du rang: à quoi me serviroit tout cela avec un mari, qui me donneroit mille dégoûts, mille mortifications : que je ſuis à plaindre ! conſeillez-moi, je vous en prie.

Vous obéïrez, répondit Eugénie. Ah ! vous ne m'aimez plus, m'écriai-je ; vous voulez que je ſois malheureuſe ! Je veux, répliqua-t-elle, que vous ſoyez raiſonnable : vous n'avez pas même de prétexte pour refuſer le Marquis de N..... Pourquoi voulez-vous qu'il vous mépriſe ? Pourquoi toutes ces chimeres ? Etes-vous la premiere fille de votre eſpece, qui aura été tranſplantée à la Cour ? Ayez-y un maintien convenable ; votre naiſſance alors loin de vous nuire, vous ſervira : mettez par votre conduite le public dans vos intérêts ; & votre mari lui-même n'oſera vous manquer. Mais, répliquai-je, je le hais, & je le haïrai toujours.

Eugénie fixa quelques momens ſes yeux ſur moi, & m'obligea à baiſſer les miens : vous craignez, me dit-elle, que je ne liſe dans votre cœur ; hélas ! mon enfant, j'y lis depuis long-tems ; le Marquis de N..... ne vous paroît haïſſable, que parce que Barbaſan vous paroît aimable ; je ne vous en ai point parlé ; je ſentois que vous vous ſeriez appuyée de ma pénétration, pour vous juſtifier à vous-même vos ſentimens. A quoi penſez-vous, continua-t-elle ? Que voulez-vous faire de cette inclination ? Voulez-vous vous rendre malheureuſe ? Car vous ne ſçauriez vous flater de l'épouſer.

Le nom de Barbaſan, l'impoſſibilité d'être à lui, que je n'avois enviſagé, juſques-là que vaguement, me remplit d'un ſentiment ſi tendre & ſi douloureux, qu'en un inſtant mon viſage ſe couvrit de larmes. Vous me faites pitié, me dit Eugénie ; parlez-moi, ne craignez point de me montrer votre foibleſſe ; ſi je vous condamne, je vous plains auſſi ; vous avez beſoin de conſeil ; vous avez beſoin de courage. Barbaſan ſçait-il l'inclination que vous avez pour lui ? Hélas ! m'écriai-je, comment la ſçauroit-il, je ne la ſçai pas moi-même ? Vous a-t-il parlé, continua-t-elle ? quelle eſt ſa conduite ? quelle eſt la vôtre ?

J'étois dans cet état où la confiance eſt un véritable beſoin : l'amitié que Eugenie me marquoit m'y engageoit encore, & puis le plaiſir de parler de ce qu'on aime. Je contai donc avec le plus grand détail, non-ſeulement tout ce que Barbaſan m'avoit dit, mais ce que je lui avois entendu dire; ſi vous ſçaviez (ajoutai-je) combien il eſt raiſonnable, combien il eſt différent des autres!

Je le crois, dit Eugenie, mais mon enfant, ce n'eſt point un mari pour vous. Eh bien, repliquai-je avec vivacité, je me mettrai dans un Couvent. C'eſt ce que vous

vous pouvez encore moins que tout le reſte, répondit-elle ; voulez-vous faire l'Héroïne de Roman, & vous enfermer dans un Cloître, parce qu'on ne vous donne pas l'Amant que vous voulez ? Croyez-moi, votre douleur ne ſera pas éternelle ; il vous ſera aiſé d'oublier Barbaſan; il ne faut pour cela que le bien vouloir ; mais dans un Couvent il ne ſuffit pas de vouloir être contente pour l'être. Gardez-vous de laiſſer appercevoir au Marquis de N... un dégoût, qu'il ne vous pardonneroit jamais : il faut être bienſéante, mais il ne faut pas être dédaigneuſe.

Les diſcours d'Eugenie m'affligeoient, & ne me perſuadoient point ; je le lui reprochai en pleurant. Loin de s'offenſer de mes plaintes, elle y répondit avec tant d'amitié : elle me parla d'une maniere ſi touchante & ſi raiſonnable, qu'elle me réduiſit à lui promettre ce qu'elle voulut. Je devois fuir Barbaſan , lui ôter toutes les occaſions de me parler , & ſi malgré mes ſoins il y parvenoit , je devois le prier de ne plus venir chez mon pere.

Cet article fut long-tems conteſté ; je diſois que je n'en avois pas le droit. Ne vous faites pas cette illuſion , me répondit-elle ; ſi Barbaſan eſt tel que vous me le repréſentez , il vous obéïra , s'il eſt différent , il ne vaut pas le chagrin qu'il vous donne : elle me fit promettre que je la viendrois voir, & que je ne lui cacherois rien.

Je la quittai avec une douleur de plus : elle avoit porté dans mon cœur une triste lumiere. Ma tendresse pour Barbasan ne me présageoit que des peines; je trouvois cependant une douceur infinie à m'y abandonner; j'imaginois même du plaisir à souffrir pour ce que j'aimois.

J'étois à peine rentrée

dans la maiſon, que Madame la Ducheſſe de N.....
vint pour préſenter ſon fils dans les formes. J'avois tant pleuré, que mes yeux étoient encore rouges. La Ducheſſe en prit occaſion de me dire mille fadeurs ſur le bon naturel qui me faiſoit craindre de quitter mes parens. Sçavez-vous bien, dit-elle à ma mere, qu'il y a plus de mérite que vous ne penſez d'aimer tant une mere auſſi jeune & auſſi jolie que vous ; &

m'adressant la parole, ne donnez pas toute cette tendresse à cette maman, je veux en avoir ma part. En vérité, poursuivit-elle, je sens que je l'aime de tout mon cœur : elle parloit ensuite des ajustemens qui me conviendroient, & toujours par-ci par-là quelques mots de la Cour.

J'écoutois tous ces discours avec le plus grand dégoût ; peut-être que malgré mes dispositions l'amour propre qui ne perd jamais ſes droits, ſe faiſoit ſentir; & que l'air diſtrait & preſque ennuyé du fils y avoit autant de part que les propos de ſa mere; je l'avois obſervé regardant tantôt ſa montre, tantôt la pendulule: l'heure du ſpectacle approchoit; quelle apparence, que ma vuë tînt bon contre la néceſſité d'y aller étaller un habit de goût, qu'il avoit mis ce jour-là.

La Ducheſſe pour prévenir quelque impatience trop marquée de ſon fils, finit ſa viſite : je vais travailler, dit-elle en nous quittant à la Duché ; je meurs d'impatience que nous finiſſions ; il me ſemble que je ne tiendrai jamais aſſez-tôt à tous vous autres : & tout de ſuite ; mais après tout pourquoi attendre ? Ne ſommes-nous pas bien aſſurés, que notre enfant ſera Ducheſſe ?

La vanité de ma mere me ſervit cette fois : comme le bienheureux Tabouret étoit l'objet de mon mariage

mariage ; elle répondit à Madame de N. . . . . qu'il convenoit de s'en tenir aux arrangemens dont on étoit d'accord, & d'attendre que l'on eût fait passer sa Duché sur la tête de son fils.

Je respirai du petit délai que ce discours me promettoit. La fin de cette journée & les suivantes se passerent comme à l'ordinaire. Monsieur le Marquis de N.... venoit se montrer dans les heures, où il n'avoit rien de mieux à faire.

Quoique nous ne reçuſſions point les complimens, on parla de notre mariage : je compris à la triſteſſe de Barbaſan qu'il en étoit inſtruit : la mienne que je ne pouvois diſſimuler, dut lui apprendre auſſi ce que je penſois : je le fuyois cependant, mais il faut dire la vérité, moins pour le fuir, que pour n'avoir pas à lui dire qu'il devoit me fuir lui-même.

J'avois plus de liberté de faire ce que je voulois, depuis qu'on regardoit mon établiſſement comme très-prochain ; j'en profitois pour reſter dans ma chambre. Un jour mon Maître de Clavecin venoit de me quitter ; j'étois dans cet état de rêverie & d'attendriſſement, où la muſique nous jette toujours, quand nous avons quelque choſe dans le cœur : j'avois les yeux attachés ſur un papier, que je ne voyois point, quand un bruit que j'entendis m'obligea de les lever, & me fit voir Barbaſan à quelques pas de moi, appuyé ſur le dos d'une chaiſe, dans une contenance ſi triſte, le viſage ſi changé, qu'il m'auroit fait pitié, quand je n'aurois eu que de l'indifférence pour lui.

Nous demeurâmes quelques momens ſans parler : je fis un mouvement pour entrer dans une chambre à côté, où travailloit la femme qui me ſervoit. De grace, un moment, me dit-il d'un air interdit ; s'il n'y alloit que de ma vie, je ne m'exposerois pas à vous déplaire : mais il s'agit du bonheur ou du malheur de la vôtre : le Marquis de N.... que vous devez épouser, est sans caractére, sans mœurs, & affecte même les vices qu'il n'a pas : loin de connoître & de sentir sa félicité, il est assez vain, assez présomptueux, pour vous croire trop honorée de porter son nom ; la fortune que vous lui apporterez, ne servira qu'à accroître ſes ridicules, il oubliera qu'il vous la doit, que vous en devez jouir ; il en fera à vos yeux l'uſage le plus mépriſable.

Suis-je la maitreſſe, lui dis-je en eſſuyant quelques larmes, qui s'échappoient de mes yeux. Je ne prévois que trop les malheurs qui m'attendent : & vous vous y ſoumettez., s'écria Barbaſan ! vous ne ferez point d'effort auprès d'un pere qui vous aime ! ſoyez heureuſe par pitié pour moi !

ſoyez heureuſe pour m'empêcher de mourir déſeſpéré. Hélas ! lui dis-je, emportée par mon ſentiment, je ne le ſerai jamais. Ah ! vous le ſeriez, s'écria Barbaſan en ſe précipitant à mes genoux, ſi la fortune ne m'avoit pas traité ſi cruellement. Oui, un amour tel que le mien vous auroit trouvée ſenſible, je n'aurois connu d'autre gloire, d'autre félicité, que celle de vous adorer.

Je ne ſçai ce que j'allois

répondre, quand j'apperçus le Marquis de N..... à deux pas de nous, qui regagnoit la porte : il avoit vu Barbaſan à mes genoux : il pouvoit même avoir entendu ce qu'il m'avoit dit : j'en fus troublée au dernier point : que penſeroit-il de moi ? Et ce qui me touchoit mille fois plus, qu'en penſeroit-on dans le monde ? Je reprochai à Barbaſan ſon indiſcrétion, les chagrins qu'il m'alloit attirer ; & je finis par fondre en larmes.

Il étoit si affligé lui-même de la peine qu'il me causoit, qu'il n'eut besoin pour sa justification que de sa douleur : je lui avois dit d'abord avec vivacité de sortir de ma chambre : quoique je continuasse de le lui dire, ce n'étoit plus du même ton. Le cœur fournit toutes les erreurs dont nous avons besoin.

Cette avanture qui auroit dû lui nuire auprès de moi, produisit un effet tout contraire. Je trouvois que nous avions une affaire commune : je vins à raiſonner avec lui des ſuites qu'elle pourroit avoir, de la conduite que je devois tenir. Je me flatois que mon mariage ſeroit rompu : je n'oſe l'eſpérer, me diſoit-il : le Marquis de N..... n'a ni aſſez d'amour, ni aſſez d'honneur pour avoir de la délicateſſe.

Le peu d'amour du Rival amenoit naturellement des proteſtations de la vivacité du ſien. Enfin, je ne ſçai comment tout cela s'arrangea dans ma tête, mais il me ſembla que je pouvois l'écouter, & avant que de nous quitter, je lui promis de lui rendre compte du tour que prendroit cette affaire. Je voulois qu'il fût quelques jours ſans paroître dans la maiſon, il ne voulut jamais y conſentir. La prudence exigeoit au contraire, diſoit-il, qu'il ne parût aucun changement dans ſa conduite : la mienne étoit bien déraiſonnable , mais j'avois dix-sept ans, le cœur tendre, une inclination naturelle pour Barbaſan, & une averſion invincible pour le Marquis de N....

Il vint ſouper comme à ſon ordinaire : ſi j'avois pu douter qu'il avoit vu Barbaſan à mes genoux, ſon air & ſa contenance m'en auroient fait douter : il me parla avec la même aiſance : il attaqua Barbaſan de converſation ; loin d'avoir de l'aigreur, il fut au-contraire toujours de ſon avis.

Nous nous diſions des yeux la ſurpriſe que cette façon d'agir nous cauſoit : je m'imaginois que c'étoit par bon procedé, & par ménagement pour moi qu'il vouloit rompre ſans éclat. Il me paroiſſoit alors digne de mon eſtime ; mais je changeai bien de ſentiment, quand j'appris deux jours après qu'il preſſoit la concluſion de notre mariage plus que jamais ; & qu'il mettoit tout en uſage auprès de ma mere, pour qu'elle ne s'obstinât plus à attendre que la Duché fût sur sa tête.

Une conduite si indigne me redonna (avec l'éloignement que j'avois pour lui) le mépris le plus profond. Je me fis une nécessité de consulter Barbasan sur ce que j'avois à faire : il avoit si bien démêlé le caractere du Marquis de N..... qu'il ne pouvoit manquer de me donner des avis utiles.

Avec quelle rapidité les paſſions nous emportent, dès que nous leur avons cedé le moins du monde! Je me trouvai en intelligence avec mon Amant: je lui entendois dire qu'il m'aimoit: je lui laiſſois voir une partie de mes ſentimens: je croyois qu'il m'étoit permis de lui parler en particulier; que la bienſéance n'en ſeroit point bleſſée; qu'il ſuffiſoit que j'euſſe une femme avec moi; & cette femme, j'avois pris ſoin de la mettre dans mes intérêts. J'eus donc pluſieurs converſations avec Barbaſan : il trouvoit toujours quelques prétextes pour les rendre néceſſaires : il faut avouer qu'elles me le paroiſſoient autant qu'à lui.

Nous réſolumes que je parlerois à mon pere ; que je lui montrerois toute ma répugnance : il eſt né, diſoit Barbaſan, avec les meilleurs ſentimens du monde : ſes entours n'ont gâté en lui que

que l'extérieur : il lui reste unfonds de raiſon qui pourra prendre le deſſus : il m'eſt ſouvent venu en penſée, continua-t-il, d'acquerir ſon amitié & celle de Madame votre mere, par les mêmes voies que d'autres les ont acquiſes ; mais mon cœur y a toujours répugné. C'étoit d'ailleurs vous manquer d'une maniere indigne, que de travailler à augmenter des ridicules dont vous gémiſſez.

Les ſentimens vertueux que Barbaſan faiſoit paroître n'étoient pas perdus pour lui : je m'en faiſois une excuſe de ma foibleſſe.

Mon pere ſe levoit toujours aſſez matin : je pris ce tems pour lui parler : il fut étonné de me voir de ſi bonne-heure : je me mis d'abord à ſes genoux : je lui pris la main : je la baiſai pluſieurs fois ſans avoir prononcé une ſeule parole. Qu'avez-vous, me dit-il, mon enfant ? parlez-moi, vous ſavez que je vous aime. Ah ! mon pere, m'écriai-je, c'eſt ce qui ſoutient ma vie ; c'eſt ce qui me donne de l'eſpérance. Non ! vous ne me rendrez pas la plus malheureuſe perſonne du monde ! vous ne me forcerez pas d'épouſer le Marquis de N..... Mon pere, continuai-je, en lui baiſant encore la main que je tenois toujours, & en la mouillant de quelques larmes, prenez pitié de votre fille.

Vous me faites de la peine, me dit-il d'un ton plein de bonté, remettez-vous, mon enfant; mais pourquoi avez-vous tant d'averſion pour le Marquis de N..... Eſt-ce qu'il ne vous aimeroit pas? Il fait cent fois pis, repliquai-je, il me donne lieu de le mépriſer; je ſuis ſûre auſſi qu'il n'a point d'eſtime pour moi; & ce qui acheve de le dégrader dans mon eſprit, il n'a nul beſoin d'eſtimer une fille, dont il veut faire ſa femme.

Où prenez-vous tout cela, dit mon pere ? Je n'en ſuis que trop ſûre, répondis-je. Il alloit ſans doute me preſſer de lui dire quelles étoient ces ſuretés, & je crois que je lui aurois avoué tout de ſuite mon inclination pour Barbaſan, quand un homme de ſes Amis vint lui parler d'une affaire preſſée. Mon pere m'embraſſa, & n'eut que le tems de me dire, votre mere m'embaraſſe; tâchez de la gagner.

Je l'aurois tenté inutilement ; mais la maniere dont mon pere avoit parlé, me donna du courage : je reſtai perſuadée, que s'il n'avoit pas la force de s'oppoſer aux volontés de ma mere, du moins il me pardonneroit de lui déſobéïr. Je rendis conte de tout à Barbaſan, car je ne faiſois plus rien ſans le lui dire : nos intérêts étoient devenus les mêmes. Je n'avois pourtant encore oſé lui avouer que je me gardois pour lui : mais ſur cela, comme ſur beaucoup d'autres choſes, nous nous entendions ſans nous parler.

Cependant les préparatifs des Nôces ſe faiſoient : le Marquis de N..... ne prenoit point le dégoût, que je tâchois de lui donner, & fermoit les yeux ſur l'intelligence de Monſieur de Barbaſan & de moi, que loin de lui cacher, je lui montrois au-de-là de ce qu'elle étoit. Je touchois au moment d'éclater, quand j'en fus délivrée par un événement bien triste & bien douloureux.

Mon pere, dont la santé avoit toujours été admirable, fut attaqué d'une fiévre qui résista à tous les remedes : les amis & les parens firent des merveilles les premiers jours, mais la longueur de la maladie les lassa. L'antichambre qui étoit pleine du matin au soir de ceux qui venoient sçavoir des nouvelles du malade, se vuida insensiblement,

ment. Ma mere tint bon assez long-temps, mais enfin elle se lassa comme les autres : elle recommença à recevoir du monde, à donner à souper, & pour y être autorisée, on ne manquoit pas de dire que le mal de mon pere n'étoit pas dangereux, qu'il ne lui falloit que du repos. Les Médecins, pour plaire à ma mere, tenoient le même langage; mais ils ne pouvoient me rassurer. Un pressentiment secret, la tristesse profonde, dont j'étois dévorée, m'avertissoient de mon malheur.

J'étois cependant obligée de me montrer au souper; ma mere le vouloit, & je ne voulois pas moi-même ajouter encore à l'indécence de sa conduite, par en avoir une toute opposée. Je prenois sur mon sommeil, pour remplacer les heures, que ces considérations m'obligeoient de passer hors de la chambre de mon pere; j'avois obtenu de coucher dans un cabinet qui y touchoit : dès qu'il n'y avoit auprès de lui, que ceux qui devoient y passer la nuit, je me relevois pour obéir à mon inquiétude, & pour lui rendre des soins, dont il me sembloit que personne ne pouvoit s'acquitter comme moi.

Un soir que je lisois auprès de lui, pour tâcher de lui procurer quelque repos, je m'apperçus qu'il souffroit plus qu'à l'ordinaire : son état, dont les suites me faisoient frissonner, me saisit au point, que quelques efforts que je fisse, mes larmes coulerent, & je fus contrainte d'interrompre ma lecture.

Mon pere demeura quelque tems dans le silence, & me tendant ensuite la main, ne vous affligez point, mon enfant, me dit-il, il faut se soumettre : ma vie est entre les mains de Dieu; il m'a fait la grace de me donner le tems de me reconnoître. La longueur de ma maladie m'a familiarisé avec la mort. Je ne regrette que vous, ma chère Pauline, je vous laisse dans l'âge où les passions ont le plus d'empire: vous n'avez que vous pour vous conduire: votre mere est plus capable de vous égarer, que de vous guider: que ne pouvez-vous voir les choses de l'œil, dont je les vois présentement! mais les ai-je vues moi-même dans la santé? il a fallu toucher au moment où tout disparoît, pour en sentir le néant. A quoi m'ont servi ces richesses, accumulées avec tant de soin ? l'usage que j'en ai fait a été perdu même pour le plaisir. Une vuë confuse de ce que j'étois, de ce qu'on pensoit de moi, a répandu sur ma vie une amertume qui m'a tout gâté ; mais ces avertissemens secrets avoient moins de pouvoir que ma femme. Pouvois-je lui résister ! elle m'aimoit alors, je l'adorois. Hélas ! pour-ſuivit-il avec un ſoupir, c'eſt parce que je l'adorois qu'il eût fallu lui réſiſter ! Je l'ai livrée au conſeil pernicieux que donnent les exemples ; & je meurs de la malheureuſe certitude où je ſuis, qu'elle les a trop ſuivis. Que m'importe après tout, continua-t-il en eſſuyant quelques larmes. C'eſt une raiſon de plus pour mourir ſans foibleſſe.

Ah ! mon pere, m'écriai-je, en me jettant à

genoux auprès de son lit; & en lui prenant ses mains, que je baignois de mes larmes; par pitié pour moi, écartez des idées qui me tuent. Voulez-vous m'abandonner? Que ferois-je? que deviendrois-je sans vous! La douleur me suffoquoit; je restai la tête penchée sur le bord du lit.

Mon pere m'embrassa: votre affliction, ma fille, me dit-il, me fait encore mieux sentir le procedé des autres. Elle auroit pourtant aimé, ajouta-t-il; mais elle ne m'aime plus. Vous ne devez pas craindre qu'elle vous presse à l'avenir pour le Marquis de N.... Je prévois ses desseins : pour vous, ma chere Pauline, ne prenez, s'il vous est possible, un mari que du consentement de votre raison : défiez-vous de votre cœur; ou si vous l'écoutez, promettez-moi du moins de mettre à l'épreuve celui qu'il nommera : je vais vous en donner le moyen. Voilà un petit porte-feuille qui contient presque tout mon bien ; celui qui paroîtra après ma mort, ne sera pas assez considérable, pour que l'on songe à vous épouser par des vûës d'intérêt. Si c'est un homme d'un rang éle-vé, vous recompenserez sa générosité & son amour, en lui découvrant vos ri-chesses : il vous en aimera davantage, de lui avoir donné lieu, en les lui ca-chant, de s'être montré à vous par un si beau côté. Si au contraire, celui que vous choisirez est d'une condition & d'un état médiocre ; vous aurez le plaisir sensible, & qui peut-être est le plus grand de tous, de faire la fortune de ce que vous aimerez.

Mon pere, en me parlant, me présentoit toujours ce porte-feuille, ou plutôt ce trésor ; car c'en étoit véritablement un : loin de le prendre, je me levai & m'écartai du lit.

Il me sembloit que l'accepter, c'étoit me donner une certitude du malheur qui me menaçoit, que c'étoit avancer ce fatal instant. Frappée de cette idée, je sortis de la chambre avec la même promptitude & le même saisissement, que si un précipice se fût ouvert devant moi : la douleur me suffoqua ; j'allai me jetter sur un lit, où je donnai un libre cours à mes larmes ! J'ai eu bien des malheurs ! je ne sçai cependant si j'ai eu des momens plus douloureux que celui-là.

Mon pere qui ne me vit plus, éveilla une Garde qui étoit endormie, & m'envoya dire de revenir; je ne pouvois m'y résoudre; je demandai s'il se trouvoit plus mal; non, me dit la Garde, mais il souhaite que vous lisiez.

Je n'étois nullement en état de lire, mes yeux étoient remplis de larmes, & les sanglots me suffoquoient. On dit à mon pere pour me donner le tems de me remettre, & que j'étois montée dans mon appartement : il ordonna qu'on vînt m'y chercher : je remis mon visage, & j'assurai ma contenance le mieux qu'il me fut possible. Ce porte-feuille, que mon pere tenoit toujours, m'obligeoit à me tenir écartée du lit.

Approchez-vous, approchez-vous, me dit mon pere ; ne vous obstinez plus, si vous ne voulez me fâcher & me rendre plus malade. Prenez ce que je vous donne. Non, mon pere, lui dis-je, je ne m'y résoudrai jamais : vous me percez le cœur de la plus vive douleur; vous voulez donc mourir ! Mon Dieu ! que je suis misérable ! Eh bien, répondit mon pere, prenez ceci comme un dépôt que je vous confie : mon intérêt & mon honneur exigent qu'il soit entre vos mains : vous me le remettrez, si Dieu me rend la santé; & s'il dispose de moi, vous exécuterez ce qui eſt contenu dans un Mémoire écrit de ma main. Prenez les meſures les plus ſages, pour que ceux à qui vous ferez remettre les ſommes que je marque, ne puiſſent ſçavoir de qui elles viennent : ils verroient trop que ce ſont des reſtitutions ; je mériterois d'en avoir la honte ; mais elle ne ſeroit plus pour moi; vous l'auriez toute ſeule , vous qui ne la méritez pas. Allez tout-à-l'heure, ma chere Pauline, pourſui-

pourſuivit-il, en mettant le porte-feuille dans mon ſein, & en me forçant abſolument de le prendre, enfermez ceci; n'en parlez à perſonne, & laiſſez-moi repoſer, j'en ai beſoin.

Il fallut obéïr. Les dernieres paroles de mon pere avoient même diminué ma répugnance. Je voyois que les ordres qu'il me donnoit, ne pouvoient être confiés qu'à moi; mais ma douleur n'en étoit pas ſoulagée; je ſouffrois au contraire une espéce de peine. Plus j'aimois mon pere, plus il me marquoit de confiance & de bonté; plus il faisoit pour moi; & plus je m'affligeois qu'il eût des reproches à se faire.

Comme c'étoit à-peu-près le tems où je prenois quelques heures pour me reposer dans mon lit; je me couchai, non pour chercher du repos, j'en étois bien éloignée, mais pour pleurer en liberté.

Ma mere achevoit encore de m'accabler, je ne pouvois douter par ce que je venois d'entendre, qu'elle ne fût l'unique cause de l'état où étoit mon pere; cependant elle étoit ma mere, je devois l'aimer & la respecter. Comment accorder ce devoir, avec l'éloignement que je prenois (malgré moi) pour elle? Je resolus du moins de me rendre maitresse de mon extérieur; & de garder pour moi seule, les connoissances que j'avois acquises. Barbasan lui-même ne fut pas excepté du silence que je m'imposai ; il faut tout dire, un retour d'amour-propre ne me permettoit pas de lui montrer quelqu'un à qui je tenois d'aussi près, par un côté si désavantageux.

Mon pere parut mieux pendant plusieurs jours, j'en avois une joie digne de ce qu'il avoit fait pour moi : ce pauvre homme en étoit touché, & pour ne pas la troubler, paroifſoit prendre des eſpérances, dont il étoit fort éloigné : j'étois ſouvent ſeule auprès de lui, il en profitoit pour me dire des choſes tendres, & pour me donner des avis utiles : ſon ſens droit, ſes vertus naturelles, agiſſoient alors ſans obſtacle. Vous trouverez des ingrats, me diſoit-il, que vous importe ? La reconnoiſſance eſt l'affaire des autres ; la vôtre eſt de faire le bien que vous pouvez ; il le faudroit même pour le plaisir : je n'ai de ma vie eu d'instant plus délicieux, que celui où je rendis un service considérable à un homme que j'aimois : il l'ignora long-tems; il eût pu l'ignorer toujours, sans que j'y eusse rien perdu; la satisfaction de m'en estimer davantage me suffisoit. Je rapporte ce discours, parce que on verra dans la suite, dans quel cas je m'en suis autorisée.

Barbasan n'avoit pas imité les commensaux de la

maison : il s'informoit avec intérêt de la santé de mon pere, & quand il lui étoit permis de le voir, il demeuroit dans sa chambre aussi long-tems qu'il le pouvoit : il y avoit d'autant plus de mérite, que ses soins étoient presque perdus pour lui : ma tendresse pour mon pere faisoit taire tout autre sentiment ; Barbasan s'en plaignoit avec une douceur charmante, vous n'êtes occupée que de votre pere, me disoit-il, à peine vous appercevez-vous que je vous vois, que je vous parle ; je m'en afflige ; je ne ſçai cependant ſi je vous voudrois autrement : tout ce qui augmente l'eſtime que j'ai pour vous, tout ce qui confirme l'idée de perfection, que je me ſuis formée de votre caractere, ſatisfait mon cœur.

Après quelques jours d'eſpérance, je retombai, non-ſeulement dans mes craintes, mais j'eus la cruelle certitude que mon pere ne ne pouvoit en revenir : il languit encore quelque tems, & mourut avec la résignation d'un homme pénétré des vérités de la Religion, & avec la constance d'un Philosophe. On nous conduisit ma mere & moi, chez une de ses parentes : j'étois pénétrée de la plus vive douleur ; ma mere au contraire avoit peine à garder les dehors que la bienséance exige ; & je m'affligeois encore de ce que j'étois seule affligée.

Lorſque ma mere retourna dans ſa maiſon, je ne voulus point y retourner : je demandai la permiſſion d'aller avec Eugénie ; on me l'accorda ſans peine. J'étois devenue un témoin, pour le moins incommode.

Me voilà donc, encore une fois, dans le Couvent, mais comme je n'étois plus un enfant, & que je n'y étois que parce que je voulois y être, j'eus un appartement particulier : Eugénie avoit ſeule inſpection ſur ma conduite : je me ſoumis ſans peine à une autorité que je lui avois donnée moi-même, & qui étoit exercée par l'amitié.

Les motifs qui m'avoient rendue diſcrette avec le Comte de Barbaſan, ne ſubſiſtoient pas avec Eugénie : auſſi ne lui cachai-je rien de ce que mon pere m'avoit donné lieu de ſoupçonner : il y a long-tems, me dit-elle, que je vous en eurois parlé, ſi je n'avois cru qu'il convenoit de vous laiſſer ignorer les choſes dont il ne vous eſt pas permis de paroître inſtruite.

Je ne fus pas plus miſtérieuſe ſur le porte-feuille : nous l'ouvrîmes enſemble, non, par impatience de jouir de ce qu'il contenoit ; je me dois le témoignage que je n'avois ſur cela, ni déſirs, ni empreſſemens : je regardois au contraire ce bien comme un dépôt, que je ne devois remettre qu'aux conditions que mon pere m'avoit marquées ; mais j'étois preſſée d'exécuter les ordres qu'il m'avoit donnés. Le ſecours, & ſurtout les conſeils d'Eugénie m'étoient néceſſaires : les ſommes furent remiſes à ceux à qui elles appartenoient.

Tout le monde fut étonné du peu de bien qui parut dans la ſucceſſion : il ne fut plus queſtion du Marquis de N..... il ne garda pas même avec moi les dehors de la politeſſe : une ſimple écriture à la porte de mon Couvent, pour lui & pour sa mere, mit fin à ses prétentions.

Le Marquis de Crevant se montra plus long-tems; mais ses soins faisoient si peu d'impression sur moi, que je n'ai pas daigné en faire mention: j'étois cependant bien-aise qu'il m'aimât assez, pour en faire un sacrifice à Barbasan: je ne l'avois point encore vû depuis que j'étois dans le Couvent; je demandai à Eugénie, s'il ne m'étoit pas permis de le recevoir:

vous ſeriez bien fâchée, me dit-elle, ſi je vous diſois, non; mais après tout, je ſuis bien-aiſe d'examiner ſon eſprit, ſon caractére: ſi je ne le trouve pas tel que vous me l'avez dépeint; je ne ferai grace ni à l'un, ni à l'autre, & je n'oublierai rien pour vous ſéparer.

Je n'étois point allarmée de cet examen: Barbaſan pouvoit-il manquer de plaire? Le cœur me battit cependant, quand on vint m'annoncer qu'il étoit au parloir. Nos opinions, nos ſentimens même, cherchent encore à s'appuyer de l'approbation des autres.

J'apportois à la contenance & aux diſcours de Barbaſan, une attention que je n'avois point eue juſques-là : j'allois au devant de ſes paroles : je crois que je l'aurois diſpenſé de m'aimer dans ce moment, & qu'il m'eût ſuffi, qu'il ſe fût montré digne d'être mon amant : il m'adreſſoit inutilement la parole ; attentive à l'examiner, je ne lui répondois point : ce ſilence ſi obligeant, s'il en avoit ſçu le motif, le toucha ſenſiblement; il n'eut plus la force de ſoutenir la converſation ; j'y pris part à la fin pour le faire parler : mes yeux lui dirent ce qu'ils lui diſoient toujours : il n'en fallut pas davantage pour lui rendre la liberté de ſon eſprit : il s'éforça de plaire à Eugénie, & il y réuſſit.

Malgré le plaiſir que j'avois de le voir, j'avois une vraie impatience que la viſite finît, pour l'entendre louer tout à mon aiſe. Ai-je tort, dis-je à Eugénie, dès que nous fumes ſeules? Vous ne m'en feriez pas la queſtion, répliqua-t-elle, ſi vous n'étiez aſſurée de ma réponſe : il eſt vrai qu'il eſt aimable, & ce que j'eſtime bien davantage, il a l'air d'un honnête homme; & peut-être n'eſt-il qu'un bon Comédien.

Ah ! m'écriai-je, cette pensée est bien injuste ! & vous êtes cruelle de me la présenter. Je fais, dit Eugenie, le personnage de votre raison. Quel malheur pour vous, si cet esprit, si ces graces, enfin si ces dehors séduisans cachoient des vices ! Il ne faudroit pas même de vices, de défauts dans l'humeur, de la légéreté, de l'inconstance suffiroient pour vous rendre malheureuse. Non ! ma chere Eugenie, il n'a rien de tout cela, lui dis-je en l'embrassant. Promettez-moi que vous ne serez point contre lui. Promettez-moi aussi, répondit-elle, de ne prendre aucun parti sans mon aveu, & de m'en croire sur l'examen que je ferai de votre Amant. Je lui promis tout ce qu'elle voulut, & je le promis de bonne-foi. Croit-on courir quelque risque de laisser examiner ce qu'on aime.

Voilà donc Barbasan établi dans mon parloir; il

y paſſoit les journées preſque entieres ; l'amour répandoit ſur nos moindres occupations ce charme ſecret qu'il répand ſur tout : & quand je ne le voyois plus , je ſubſiſtois de cette joie douce , dont il avoit rempli mon cœur.

Ma mere venoit me voir fort rarement : malgré ce que nous étions l'une à l'autre , nous ne nous tenions preſque plus. Je ne pouvois être alors un objet d'ambition : mon bien paroiſſoit trop médiocre pour faire un mariage brillant. Je n'étois donc qu'une grande fille, propre ſeulement à déparer une mere & à la vieillir : mes diſpoſitions n'étoient pas plus favorables. Ce que mon pere m'avoit dit ne me ſortoit point de la tête.

La conduite de ma mere ne le juſtifioit que trop : ſes liaiſons avec le Marquis de N. . . . . dont je ne pouvois plus être le prétexte, commencerent à faire du bruit dans le monde : elle avoit formé apparement le dessein de l'épouser, dès qu'elle avoit espéré de devenir libre. Quand le tems d'exécuter son projet fut venu, elle me tint de ces sortes de discours vagues, qui ne signifient rien, & qui mettent pourtant en droit de vous dire, je vous l'avois dit.

J'appris à quelques jours de-là, que le mariage étoit fait. Mon Tuteur eut ordre de m'en instruire : cet homme qui avoit eu ſon éducation chez mon pere, & qui y avoit fait une eſpéce de fortune, m'aimoit comme ſi j'euſſe été ſa fille, & s'affligeoit d'un événement, qui, ſelon lui, me faiſoit grand tort : mon inſenſibilité le conſola, & ſurtout la ferme réſolution où je lui parus de reſter dans mon Couvent. Hélas ! elle ne me coûtoit guère. Quel lieu plus agréable, que celui où je voyois ce que j'aimois !

Le

Le mariage de ma mere, qui ne me touchoit pas pour moi, me toucha cependant par un autre endroit : il me rappelloit la mort de mon pere : ce pere qui m'aimoit ſi tendrement, l'avois-je aſſez pleuré ? Je me reprochois, & je reprochois à Barbaſan d'avoir trop-tôt ſéché mes larmes : vous m'avez arraché, lui diſois-je, une douleur légitime. Que ſçai-je, ſi vous ne m'en donnerez point quelque jour, que je devrai me reprocher ? Mon Dieu ! de quelle façon il me répondoit ! quelles expressions ! quelle vivacité ! quelle douleur que je pusse me former des doutes ! il falloit pour arrêter ces plaintes lui demander pardon. Je le demandois avec un plaisir, que la douceur de me soumettre à ce que j'aimois, augmentoit encore.

J'avois dit à Eugénie que je me destinois à Barbasan ; mais je n'avois encore osé le dire à lui-même. Le mariage de ma mere amena la chose naturellement. Après en avoir raisonné avec lui, je conclus que j'en étois plus libre : il baissoit les yeux ; son air étoit tendre & embarassé ; il n'osoit parler. Je vous entends, lui dis-je, entendez-moi aussi ; aurois-je reçu vos soins ? Vous aurois-je laissé voir ce qui se passe dans mon cœur ?.... La joie de Barbasan ne me permit pas de poursuivre : il tomba à mes genoux : quels raviſſemens ! quels tranſports ! de combien de façons il m'exprimoit ſa reconnoiſſance !

Ce bonheur qui le raviſſoit, étoit encore éloigné : il falloit attendre que j'euſſe vingt-cinq ans, & je n'en avois que vingt. Qu'importe, dit Barbaſan à Eugénie, qui voulut lui en faire faire la réflexion ; je la verrai, je l'aimerai, je lui ſerai ſoumis. En faut-il davantage ? Vous éprouverez mon cœur, me diſoit-il, j'en aurai plus de droit ſur le vôtre. Hélas ! il n'en avoit pas beſoin : une inclination naturelle, que loin de combattre, je cherchois même à fortifier, lui donnoit ce droit qu'il vouloit acquerir. Quel tems heureux que celui que je paſſois alors ! J'étois contente de ce que j'aimois ; & ce qui me flatoit encore plus, il l'étoit de moi.

Notre bonheur ſe ſoutint pendant quelques mois, mais il étoit trop parfait pour pouvoir durer. La fortune commença à ſe déclarer contre moi par la groſſeſſe de ma mere. J'allois tenir par-là à la famille de mon Beau-pere. Il ne convenoit pas de me laiſſer maitreſſe de ma deſtinée. Mon bien, tout médiocre qu'il étoit, excitoit ſes deſirs : il reviendroit aux enfans de ma mere, ſuppoſé que je puſſe reſter fille. Il falloit pour cela éloigner tous les mariages, & ſur-tout celui de Barbaſan.

Le Commandeur de Piennes, qui avoit pris beaucoup d'amitié pour moi, vint m'avertir qu'on me prêparoit des traverses. Monsieur le Duc de N....., me dit-il, sçait vos liaisons avec Barbasan : il s'en autorisera pour exercer son pouvoir. Ne vous y trompez pas, ajouta-t-il, il peut très-bien obtenir un ordre, qui vous sépareroit de votre Amant, peut-être pour jamais.

Ce discours, qui me glaçoit de crainte, me fit voir

tout poſſible. Je réſolus par le conſeil du Commandeur, que je ne verrois Barbaſan que rarement. La difficulté fut de l'y déterminer ; il ſe mocquoit de ma prudence, c'étoit ſe donner, diſoit-il, le malheur qu'on me faiſoit apprehender : il étoit d'ailleurs ſi indigné contre mon beau-pere, que j'eus beſoin de toute mon autorité pour l'empêcher de faire quelque folie.

Il me dit à quelque tems de là que la néceſſité de termi-

terminer une affaire qui lui importoit, l'obligeroit de faire un petit voyage du côté de Chartres. La veille du jour où il avoit fixé son départ, nous eûmes une peine extrême à nous quitter. Barbasan revint deux ou trois fois de la porte; il lui restoit toujours quelque chose à me dire.

Un Valet de chambre qui étoit auprès de lui depuis son enfance, m'apportoit tous les matins une lettre: je ne devois pas douter qu'il ne vînt le lendemain à l'heure ordinaire, puiſque ſon maître devoit attendre ſon retour pour monter à cheval : je lui repétai cependant une infinité de fois, de ne pas manquer à me l'envoyer. Je me levai plus matin qu'à mon ordinaire. J'allai chercher Eugénie, uniquement pour lui parler du chagrin, où j'étois de ce que Barbaſan ſeroit quelques jours abſent.

L'heure où j'avois accoutumé d'attendre ſon homme n'étoit pas encore venue, que je m'impatientois de ce qu'il ne paroiſſoit point. Ce fut bien autre choſe, quand cette heure & pluſieurs autres furent paſſées. Mon laquais que j'envoyai aux nouvelles, après s'être fait attendre deux autres heures, qui me parurent deux années, vint me dire qu'il n'avoit trouvé perſonne.

Je paſſai de cette ſorte dans une agitation, qui ne

me permettoit pas d'être un moment dans la même place, une grande partie de la journée. Quelqu'un vint lors avertir Eugénie qu'on la demandoit à mon Parloir ; cette nouveauté acheva de m'allarmer : j'y courus ; j'y trouvai le vieux valet de chambre. Où eſt votre Maître, lui dis-je d'une voix tremblante ? Ah ! s'écria-t-il, tout eſt perdu.....

Ces paroles qui me porterent dans l'eſprit les idées les plus funeſtes, furent les ſeules que j'entendis. Je me laiſſai tomber ſur ma chaiſe ſans aucun ſentiment. Eugenie vint à mon ſecours, & me fit porter dans ma chambre. Elle apprit de ce garçon que Barbaſan n'avoit point paru le ſoir; qu'après l'avoir attendu toute la nuit, il avoit été le chercher dans les endroits où il pouvoit en apprendre des nouvelles; qu'à ſon retour dans la maiſon, il avoit trouvé un de ſes amis, qui venoit l'avertir que ſon Maître s'étoit battu contre le Marquis du Freſnoi, qu'il l'avoit tué ſur la place, & qu'on ne ſçavoit où il s'étoit refugié. Les ſoins que Beauvais, c'eſt le nom du valet de chambre, s'étoit donnés pour en ſçavoir davantage, avoient été inutiles.

Ces nouvelles toutes affligeantes qu'elles étoient, ne laiſſerent pas, quand je les appris, de me donner de la conſolation. La mort de Barbaſan qui m'étoit d'abord venue dans l'eſprit, & qui avoit fait une telle impreſſion ſur moi que je fus pluſieurs heures ſans connoiſſance, me fit regarder un moindre mal comme un bien ; mais lorſque revenue de ma premiere impreſſion, je reflêchis ſur cette avanture ; je fus dans un état peu différent de celui où j'avois été d'abord.

J'eus recours au Commandeur de Piennes pour avoir quelque éclairciſſement. Il revint le même jour, & malgré les ménagemens qu'il tâcha d'employer, il me perça le cœur par ſon récit.

Barbaſan s'étoit retiré dans une maiſon de ſa connoiſſance, & contoit en ſortir la nuit pour prendre la poſte : mais il avoit été arrêté dans le moment qu'il ſe diſpoſoit à partir. Le Commandeur de Piennes ajouta qu'il alloit mettre tout en uſage pour faire diſparoître les témoins.

Que l'on juge, s'il eſt poſſible, quelle nuit je paſſai! tout ce qu'il y a de plus noir, de plus tragique, ſe préſentoit à mon imagination. Eugénie ne me quitta point, elle avoit trop d'eſprit & de ſentiment pour chercher à adoucir ma peine par de mauvaiſes raiſons; elle s'affligeoit avec moi, & me donnoit par là la ſeule conſolation dont j'étois ſuſceptible.

Le Commandeur vint comme il me l'avoit promis; ſon viſage triſte, ſon air consterné porta la terreur dans mon ame. On avoit plus de preuves qu'il n'en falloit, les témoins venoient de toutes parts. Le nombre, ajouta le Commandeur, est trop grand pour qu'il puisse être vrai, leurs dépositions seront contestées, & nous gagnerons du tems.

Quoique j'eusse pleuré tout le tems que le Commandeur avoit été avec moi, sa présence, ses discours, m'avoient cependant un peu ſoutenue : dès que je ne le vis plus, loin de conſerver quelque eſpérance, je ne comprenois pas même que j'euſſe pu en concevoir.

Cette nuit fut mille fois plus affreuſe que toutes les précédentes ; je treſſailloïs d'horreur de ce qui pouvoit arriver. Cette idée faiſoit une telle impreſſion ſur moi, que je ne pouvois même en parler à Eugénie. Je crois que je ſerois morte de prononcer les mots terribles d'échaffaut & de boureau : ce que je ſentois alors a laiſſé de ſi profondes traces dans mon eſprit, qu'après quarante ans je ne puis le penſer & l'écrire ſans émotion.

J'avois appris par le Commandeur de Piennes, que de mauvais diſcours tenus ſur mon compte par le Marquis du Freſnoi avoient engagé Barbaſan à l'appeller en duel. Cette circonſtance n'ajoutoit cependant rien à ma douleur. Eſt-il beſoin pour ſentir les malheurs de ce qu'on aime de deles avoir causés.

N'étois-je pas assez malheureuse ! Non, il falloit que j'eusse encore à trembler pour un danger plus prochain.

J'appris que Barbasan étoit malade à l'extrémité, & qu'il refusoit tous les secours. Que faire ? Aller lui dire moi-même qu'il me donnoit la mort. Le Commandeur & Eugénie s'opposerent de toutes leurs forces à cette résolution :

mais ils me virent dans un ſi grand déſeſpoir, qu'ils ſe trouverent forcés d'y conſentir, & même de m'aider.

Le Commandeur engagea une Dame de ſes amies qui avoit ſoin des priſonniers, de me mener avec elle. Il m'annonça ſous un faux nom, & me ſuppoſa proche parente de Barbaſan. On devoit me venir prendre le lendemain matin. Jamais nuit ne me parut ſi longue; j'en contois les minutes, & comme ſi ma diligence eût avancé le jour, j'étois prête plusieurs heures avant que le Commandeur fût venu.

Nous allâmes ensemble; ma tristesse paroissoit si profonde, il y avoit en ma personne une langueur si tendre, que la Dame fut d'abord au fait des motifs de ma démarche. Elle n'en fut que plus disposée à me servir. Les femmes en général ont toujours de l'indulgence pour tout ce qui porte le caractere de tendresse, & les Devotes en sont encore plus touchées que les autres. Celle-ci avoit de plus pour prendre part à mes peines, le souvenir d'un Amant que la mort lui avoit enlevé.

Je parvins bien cachée dans mes coëffes jusqu'à une chambre ou plûtôt un cachot, qui ne recevoit qu'une foible lumiere d'une petite fenêtre très-haute & grillée avec des barreaux de fer, qui achevoient d'intercepter le jour. Barbasan étoit

étoit couché dans un mauvais lit, & avoit la tête tournée du côté du mur. La Dame s'assit sur une chaise de paille, qui composoit tous les meubles de cette affreuse demeure.

Après quelques momens & quelques mots de consolation au malade, elle se leva pour aller visiter d'autres prisonniers, & me laissa seule auprès de lui. Il s'étoit mis sur son séant pour remercier la personne qui lui parloit. J'étois debout devant ſon lit, tremblante, éperdue, abîmée dans mes larmes, & n'ayant pas la force de prononcer une parole. Barbaſan fixa un moment les yeux ſur moi & me reconnut. Ah! Mademoiſelle, que faites-vous, s'écria-t-il?

Les larmes qu'il voulut envain retenir, ne lui permirent pas d'en dire davantage. Les moindres choſes touchent de la part de ce qu'on aime, & l'on eſt encore plus ſenſible dans les tems de malheur. Ce titre de *Mademoiſelle*, qui étoit banni d'entre nous, me frappa d'un ſentiment douloureux. Je ne ſuis donc plus votre Pauline, lui dis-je, en lui prenant la main, & en la lui ſerrant entre les miennes ? Vous voulez mourir, vous voulez m'abandonner.

Sans me répondre, il baiſoit ma main, & la mouilloit de ſes larmes. A quel bonheur, dit-il enfin, faut-il que je renonce ! Oubliez-moi, pourſuivit-il, en pouſſant un profond ſoupir ; oui, je vous aime trop, pour vous demander un ſouvenir qui troubleroit votre repos. Ah ! m'écriai-je, à travers mille ſanglots, par pitié pour moi, mon cher Barbaſan, conſervez votre vie ; c'eſt la mienne que je vous demande. Hélas ! ma chere Pauline, repliqua-t-il, ſongez-vous à la deſtinée qui m'attend ? Songez-vous que je vous perds, vous que j'adore ; vous qui ſeule m'attachez à la vie ?

Qu'importe après tout, continua-t-il, après s'être tu quelque moment, de quelle façon je la finisse; je vous aurai du moins obéi jusqu'au dernier moment.

La Dame avec qui j'étois venue, rentra : elle avoit fait apporter un bouillon; je le présentai à Barbasan; il le prit en me serrant la main: nous n'étions ni l'un ni l'autre en état de parler, nos larmes nous suffoquoient. Hélas! je pensai dans ce moment, que nous nous voyions peut-être pour la derniere fois.

Ma Dévote, à qui je faisois pitié, baiſſa elle-même mes coëffes, me prit ſous le bras, m'entraîna hors de cette chambre, & me fit monter dans ſon caroſſe. Nous fimes en ſilence le chemin, juſque chez elle, où le Commandeur de Piennes & ma Femme de chambre m'attendoient. La fiévre me prit dès la même nuit avec beaucoup de violence. Je fus à mon tour pendant plusieurs jours entre la vie & la mort : mon mal, tout grand qu'il étoit, ne prit rien sur le sentiment dominant. Uniquement occupée de Barbasan, j'en demandois des nouvelles à chaque instant.

Eugénie ne quittoit le chevet de mon lit que pour s'en informer : elle ne me disoit que ce qui lui paroissoit propre à calmer mes inquiétudes, & elle ne les calmoit point : je me faisois des sujets d'allarmes d'un geste, d'un mot, d'un air un peu plus triste que j'appercevois sur son visage: enfin après quinze jours, j'eus la certitude de la guérison de Barbasan. La mienne en dépendoit. Mais dès que je n'eus plus à craindre les suites de sa maladie, je repris toutes mes allarmes sur sa malheureuse affaire. La prison où je l'avois vu, augmentoit encore ma sensibilité & mon attendrissement.

Le Commandeur de Piennes

Piennes y mit le comble par ce qu'il vint m'apprendre. La procedure étoit poussée avec une vivacité, qui déceloit un ennemi secret ; cet ennemi étoit mon indigne beau-pere. On comprend sans que je le dise, les raisons qu'il avoit de haïr Barbasan. Je m'étonne encore comment je ne mourus pas sur le champ, quand le Commandeur m'annonça cette affreuse nouvelle. Il n'y a d'autre ressource, me dit-il, que de gagner le Geolier & de faire ſauver Barbaſan.

L'argent en étoit le ſeul moyen. Celui que mon pere m'avoit laiſſé, pouvoit-il être mieux employé ? Je remis au Commandeur une ſomme très-conſidérable, & quoiqu'il ne ceſſât de me repéter qu'il y en avoit beaucoup plus qu'il ne falloit, je voulois à toute force y ajouter encore. Je croyois m'aſſurer mieux par-là de la liberté de Barbaſan, & au milieu de mes douleurs, je ſentois une ſecrette ſatisfaction de ce que je faiſois pour lui. J'attendois le ſuccès de la négociation comme l'arrêt de ma vie ou de ma mort.

Un petit billet du Commandeur m'apprit que tout ſe diſpoſoit ſelon mes ſouhaits, il vint me l'apprendre lui-même, le Geolier étoit gagné : mais il exigeoit que ſes enfans auſſi-bien que lui, ſuiviſſent le priſonnier, & qu'on leur aſſurât de quoi vivre dans les pays étrangers. Cet article étoit aisé, non-seulement j'aurois vuidé mon porte-feuille, mais j'aurois donné tout ce que j'avois au monde.

Barbasan ne sçavoit encore rien des mesures que l'on prenoit; le fils du Geolier qui lui portoit à manger, se chargea de les lui apprendre. Ce n'étoit point assez d'assurer sa liberté, il falloit lui préparer des secours dans le lieu, où il se retireroit. Nous nous étions déterminés pour Francfort ; un moindre éloignement n'eût pas suffi pour calmer mon imagination. Le Commandeur de Piennes prit des lettres de change sur un fameux Banquier de cette Ville. Je les enfermai dans un paquet, qui devoit être rendu à Barbasan à son arrivée ; je voulois, s'il étoit possible, qu'il ignorât qu'elles vinssent de moi, & attendre pour le lui apprendre, un tems plus heureux.

Tous les arrangemens

étoient faits, & le jour marqué pour la fuite, qui devoit s'exécuter sur le minuit. J'attendis toute la nuit, avec une impatience & un saisissement que je laisse à imaginer, le signal dont le Commandeur & moi étions convenus : le jour vint sans que j'eusse rien appris. Le Commandeur chez qui j'avois envoyé plusieurs fois, vint enfin me dire que le fils du Geolier étoit absent pour deux fois vingt-quatre heures, que son pere voutoit abſolument l'attendre.

Voilà donc encore ma vie attachée au retour de ce fils. Il n'y avoit pas un moment à perdre. Le Jugement devoit être prononcé dans trois jours. Quoique le Commandeur ne me dît que ce qu'il ne pouvoit s'empêcher de me dire, je ne voyois que trop de quoi il étoit queſtion : j'étois moi-même ſur l'échaffaut, & je ne crois pas poſſible que ceux qui y ſont effectivement, ſoient dans un état plus déplorable que celui où je passai la nuit.

La joie succéda à tant de douleur, quand j'appris à sept heures du matin par un billet, que tout avoit réussi, & que Barbasan étoit en sûreté : je baisois ce cher billet : j'embrassois Eugénie : je me jettois à genoux pour remercier Dieu, avec des larmes aussi douces que celles que j'avois répandues auparavant étoient ameres. Barbasan m'écrivit de la route. Quelle lettre ! que d'amour ! que de reconnoissance ! que de protestations ! elle m'eût payée de mille fois plus que de ce que j'avois fait.

J'avois un cœur avec lequel je ne pouvois être longtems tranquile. Je commençai à m'affliger de ce que nous étions séparés peut-être pour toujours : il ne pouvoit revenir dans le Royaume : le projet d'aller le joindre me paroissoit aussi difficile, qu'il m'avoit paru aiſé, quand j'en avois formé d'abord la réſolution : il falloit, pour l'exécuter, que j'euſſe atteint mes vingt-cinq ans. Que ſçavois-je, ſi je ne trouverois point de nouveaux obſtacles.

Ces différentes penſées m'occupoient ſans ceſſe, & me jettoient dans une triſteſſe, dont l'amitié d'Eugénie s'allarmoit. Quel cœur que le ſien ! jamais de dégoût, jamais d'impatience : elle écoutoit avec la même attention, avec le même intérêt, ce que je lui avois déja dit mille fois : de grands ſervices coutent moins à rendre & prouvent moins, qu'une pareille conduite : on eſt payé par l'éclat qui les accompagne ordinairement ; mais cette tendreſſe compatiſſante n'a de récompenſe, que le ſentiment qui la produit.

Divers prétextes, dont je m'étois ſervie depuis la malheureuſe avanture de Barbaſan, m'avoient laiſſé la liberté de reſter dans mon

Couvent. Ma mere n'y étoit point venue ; j'envoyois réguliérement sçavoir de ses nouvelles, on répondoit qu'elle se portoit bien, & que sa grossesse ne lui permettoit pas de sortir. Comme elle ne me faisoit point dire d'aller chez elle, je jugeai que mon Beau-pere ne vouloit pas qu'elle me vît : on vint un matin m'avertir qu'elle étoit prête d'accoucher ; on ajouta qu'elle me demandoit : je sortis au plus vîte :

je trouvai en arrivant les domestiques en larmes : sans oser les questionner, je m'acheminois vers son appartement, quand une femme de chambre vint à moi, en poussant de grands cris. Ah! Mademoiselle, me dit-elle, où allez vous? Vous n'avez plus de mere.

Je ne puis exprimer ce que je sentis dans ce moment; la révolution qui se fit en moi, tous les torts que j'avois trouvés à ma mere, tout ce que mon pere m'avoit laissé penser, tout ce que sa conduite, à mon égard, avoit eu de reprochable, tout cela disparut, & ne me laissa que le souvenir des tendresses qu'elle m'avoit marquées dans mon enfance. Je fus véritablement touchée : mon Tuteur qui étoit dans la maison, m'emporta malgré moi dans le carrosse qui m'avoit amenée, & me remit entre les mains d'Eugénie. Ce nouveau malheur renouvella toutes mes douleurs ; c'eſt un aliment pour un cœur qui en eſt déja rempli, il ſemble qu'on trouve une eſpéce de ſoulagement à voir croître ſes peines.

Mon Beau-pere, dans l'intention de s'aſſurer des biens conſidérables, avoit ſacrifié la vie de ma mere, pour ſauver l'enfant dont elle étoit groſſe, & y avoit réüſſi : ſon fils vécut : il fallut régler nos partages : je n'aurois pas dû faire de grace, mais par reſpect pour la mémoire de ma mere, je cédai tout ce qu'il voulut.

Le tems, il faut l'avouer, & un tems assez court, sécha mes larmes. Ma tendresse pour Barbasan, qui dominoit sur tous mes sentimens, me fit bientôt trouver la consolation, dans la pensée que j'étois devenuë libre, & en état de disposer de ma main : j'eus d'ailleurs une persécution à essuyer, qui produisit naturellement de la distraction.

Le Marquis de Crevant avoit

avoit perdu ſon pere peu de jours avant la mort de ma mere : il m'aimoit de bonne foi ; ſon amour avoit tenu bon contre mes rigueurs, & avoit produit en lui ce qu'il produit toujours, quand il eſt véritable ; il lui avoit donné des mœurs, & l'avoit corrigé des airs & des ridicules attachés à la qualité de Petit-Maître. Dès que la mort de ſon pere le laiſſa libre, il vint m'offrir ſa fortune & ſa main. Eugénie & le Commandeur vouloient que je l'acceptasse. Crevant étoit précisément dans le cas que mon pere m'avoit marqué, pour choisir un mari. Il le falloit, disoient-ils, pour me sauver de ma propre foiblesse, & pour me mettre à couvert de la folie, & presque de la honte, d'aller épouser un homme comme Barbasan, banni de son pays, & retranché de la société.

Il ne lui reste donc que moi, m'écriai-je, & vous me pressez de l'abandonner ! que m'a-t-il fait ? Eſt-il coupable, parce qu'il eſt malheureux ? J'irai, s'il le faut, vivre avec lui dans un déſert.

Cette idée, qui flattoit la tendreſſe de mon cœur, s'affermiſſoit encore dans mon eſprit, par le plaiſir de me trouver capable d'une action, qui ſe peignoit à moi comme généreuſe. Dès ce moment je formai une ferme réſolution d'aller le joindre. Les repréſentations du Commandeur & d'Eugénie furent inutiles. Le Marquis de Crevant fut congédié.

Cependant il y avoit plus d'un mois, que je n'avois eu de nouvelles de Barbaſan : j'allai me mettre dans la tête qu'il avoit eu connoiſſance du deſſein du Marquis de Crevant, & qu'il en étoit jaloux : l'impatience de me juſtifier vint encore accroître celle que j'avois de partir. Les apprêts de mon voyage furent bientôt faits. Je dis que j'allois avec mon tuteur, que j'avois d'avance mis dans mes intérêts, voir une Terre, qui composoit tout le bien qu'on me connoissoit.

Nous eumes des passeports sous le nom d'un Seigneur Allemand. Dès que je fus au premier gîte, Fanchon, c'étoit le nom de ma Femme de chambre, & moi, prîmes des habits d'homme. Comme j'étois grande & bien faite, ce déguisement me convenoit : j'étois encore plus belle qu'avec mes habits ordinaires ; mais je paroiſſois ſi jeune, que ma beauté, la délicateſſe de mon teint, & la fineſſe de mes traits ne bleſſoient point la vraiſemblance.

Après dix jours de marche, & pluſieurs petites avantures, qui ne méritent pas d'être dites, nous arrivâmes à Francfort à huit heures du ſoir. Nos Poſtillons à qui j'avois fait dire que je ne voulois point aller dans un Cabaret, nous menerent chez une Françoiſe qui louoit des appartemens. A peine étois-je dans le mien, que je m'informai à elle de Barbaſan. J'avois forcé les poſtes, pour le voir dès ce ſoir-là. Vraiment, me dit-elle, je viens de le rencontrer qui rentroit chez lui avec Madame; & tout de ſuite, c'eſt celui-là qui eſt un bon mari.

Suivant l'uſage de ces ſortes de gens, elle me conta, ſans que je le lui demandaſſe, tout ce que l'on diſoit des avantures de Barbasan. Hélas ! j'étois bien éloignée de pouvoir lui faire des questions; les noms de *mari* & de *femme* m'avoient frappée comme un coup de foudre, dès qu'elle les eut prononcés. Mon Tuteur & ma Femme de chambre, plus tranquiles que moi, prirent ce triste soin. Elle leur dit que M. de Barbasan avoit fait connoissance avec sa femme, dans le tems qu'il étoit prisonnier ; qu'elle avoit exposé la vie de son pere, qui étoit

étoit le Geolier, celle d'un frere & la ſienne propre pour le ſauver ; que pour payer tant d'obligations, Monſieur de Barbaſan l'avoit épouſée, & qu'elle étoit groſſe.

J'étois pendant ce terrible récit, dans un état plus aiſé à imaginer qu'à décrire. Fanchon, qui voyoit par les changemens de mon viſage, ce qui ſe paſſoit en moi, congédia notre Hôteſſe, & pour me donner plus de liberté, renvoya aussi mon Tuteur.

Il ne m'aime donc plus, disois-je en répandant un torrent de larmes? Que lui ai-je fait, pour n'être plus aimée? J'expose ma réputation, j'abandonne ma Patrie, & tout cela pour un ingrat. Mais, Fanchon, crois-tu qu'il le soit? Crois-tu que je sois effacée de son souvenir? Voilà donc pourquoi je ne recevois plus de ses lettres. Hélas! je le croyois jaloux.

Ce ſentiment n'eſt plus pour moi.

Toute la nuit ſe paſſa dans de pareils diſcours : je voulois le voir, lui reprocher ſon ingratitude, l'attendrir par mes larmes, & l'abandonner pour jamais. Il me paſſoit auſſi dans la tête de lui faire remettre le bien, que j'avois apporté. Je voulois, à quelque prix que ce fût, me faire regretter. C'étoit la ſeule vengeance, dont j'étois capable contre mon ingrat.

Mon Tuteur, qui n'entendoit rien à toutes ces délicatesſes, s'oppoſa à ce projet, & me conſerva malgré moi ; ce qui me reſtoit du porte-feuille de mon pere.

Il n'y avoit pas à héſiter ſur le parti, que j'avois à prendre. Je pouvois, en me montrant promptement à Paris, dérober la connoiſſance de la folle démarche que j'avois faite. Mon Tuteur qui s'étoit repenti plus d'une fois de ſa complaiſance, me repréſentoit la néceſſité de ce prompt retour : je la ſentois comme lui ; mais il falloit m'éloigner pour jamais de Barbaſan, de ce Barbaſan que j'avois tant aimé, qu'au mépris de toutes ſortes de bienſéances j'étois venu chercher ſi loin. Comment partir ſans le voir ! ne fût-ce même que de loin. Comment réſiſter à la curioſité de voir ma Rivale, & renoncer à l'eſpérance de ne la pas trouver telle qu'on me l'avoit dépeinte ?

Mon Hôteſſe, ſans s'informer des motifs de ma curioſité, me mena à une Egliſe, où tout le beau monde alloit à la Meſſe. Je me plaçai de maniere que je pouvois voir ceux qui entroient.

Me voilà dans mon poſte avec une palpitation qui ne me quitta point, & qui augmentoit toutes les fois que j'entendois arriver quelqu'un. Celle qui me cauſoit tant de trouble, parut enfin : je ne la trouvai que trop propre à faire un infidéle. Loin que la jalousie, dont j'étois animée, diminuât ses agrémens ; il sembloit que pour augmenter mon supplice, elle y ajoutoit encore. Je n'ai jamais vû de physionomie plus intéressante, tant de graces, tant de beauté, jointes à la fraîcheur de la premiere jeunesse, & à l'air le plus doux & le plus modeste. Elle tournoit la tête à tout moment, pour voir, à ce que je jugeai, si Barbasan la ſuivoit : il ne tarda pas : elle lui dit quelque choſe à l'oreille, il répondit par un ſouris, qui acheva de me déſeſpérer.

Comme je n'étois pas éloignée du lieu où ils étoient, il m'apperçut : ſes yeux reſterent aſſez long-tems attachés ſur mon viſage ; il les baiſſa enſuite, & je crus m'appercevoir qu'il ſoupiroit : il me regarda de nouveau avec plus d'attention : après ce ſecond examen, je le vis ſortir de l'Eglise : si j'en eusse eu la force, je l'aurois suivi dans mon premier mouvement, mais les jambes me trembloient au point que je fus contrainte de rester où j'étois.

Que de réflexions sur ce qui venoit de se passer ! il m'avoit reconnue sans doute. Etoit-ce la honte de paroître devant moi, après sa trahison; étoit-ce la crainte de mes justes reproches qui l'avoient déterminé à me fuir ? Cette crainte l'auroit-elle emporté, si quelque chose lui eût encore parlé pour moi ? Je sentois dans ces momens que le plus foible repentir, le plus leger pardon, m'eût tout fait oublier : peut-être l'aurois-je demandé moi-même. Je me croyois presque coupable de ce qu'il ne m'aimoit plus. L'effet que cette pensée produisit en moi, paroîtra incompréhensible à ceux qui n'ont jamais eu de véritable passion.

Ma réputation exposée,

la trahiſon dont on payoit ma tendreſſe, ce mariage qui mettoit une barriere inſurmontable entre nous, ne faiſoient preſque plus d'impreſſion ſur moi. Tout étoit couvert par cette douleur déchirante, que je n'étois plus aimée. Je voulois du moins avoir la triſte conſolation de répandre des larmes devant lui.

Mon Tuteur fut chargé de l'aller chercher, de ne rien oublier pour l'amener, de ne pas craindre d'employer les prieres les plus capables de l'y engager : il ne le trouva point chez lui : il y retourna plusieurs fois : il apprit enfin qu'il étoit monté à cheval au ſortir de l'Egliſe, & qu'on ne ſçavoit quelle route il avoit priſe.

Dès que nous ſommes malheureux, tous ceux qui nous environnent, prennent de l'empire ſur nous. Mon Tuteur, ma Femme de chambre même, ſe croyoient en droit de me parler avec autorité. Sans m'écouter, ſans égard aux prieres que je leur faiſois d'attendre encore quelques jours, ils m'obligerent à partir ſur le champ ; & pour rendre mon abſence auſſi courte qu'il étoit poſſible, on me fit faire la plus grande diligence.

Me voilà revenue à Paris & dans les bras de ma chere Eugénie. Ce prompt retour, la douleur où elle me vit plongée, mes larmes & mes ſanglots lui firent juger que Barbaſan étoit mort. Les conſolations qu'elle cherchoit à me donner, m'apprirent ce qu'elle penſoit : je n'avois pas la force de la déſabuſer : j'avois honte pour Barbaſan, & pour moi, de dire qu'il m'avoit trahie, abandonnée ; mon cœur répugnoit auſſi à parler contre lui.

Je ſentois une peine extrême à lui faire perdre l'eſtime d'Eugénie : à le lui montrer ſi différent de ce qu'elle l'avoit vû juſques-là.

Malgré mes répugnances, il fallut tout avouer. Quelle fut la ſurpriſe, & l'indignation de mon amie ! quel mépris pour Barbaſan! quelle pitié, mêlée de colére, de me trouver encore de la ſenſibilité pour un ingrat, pour un ſcélérat, pour le dernier des hommes !

Ménagez ma foibleſſe, lui diſois-je, puiſque vous la connoiſſez : épargnez un malheureux : hélas! peut-être a-t-il fait autant d'efforts pour m'être fidéle, que j'en fais pour ceſſer de l'aimer. Plus vous cherchez à diminuer ſon crime, répondoit Eugénie, plus vous me le rendez odieux : le dépit devroit vous guérir ; la raiſon le devroit encore mieux; mais le dépit eſt un nouveau mal, & la raiſon eſt bien tardive : je voudrois que vous cherchaſſiez de la diſſipation : je voudrois que votre amour propre trouvât des dédommagemens : vous ne le croiez pas, ajoûta-t-elle, mais contez ſur ma parole qu'il qu'il fait une partie de votre douleur. J'étois effectivement bien éloignée de le penser. La terre entiére, à mes genoux, ne m'auroit pas dédommagé du cœur que j'avois perdu.

Ces dissipations, qu'on me conseilloit, & que je n'aurois jamais cherchées, vinrent me trouver malgré moi. Mon beau-pere, que sa prodigalité mettoit dans un besoin continuel d'argent, & qui n'étoit arrêté par aucun scrupule sur les moiens d'en acquérir, ne voulut point s'en tenir à l'accommodement que nous avions fait : il fallut entrer en procès : le ſentiment dont j'étois animée contre lui (car je le regardois avec raiſon, comme l'auteur de mes malheurs) me donna une vivacité & une ſuite que l'intérêt n'auroit jamais pu me donner. Je ſçus bientôt mon affaire mieux que mes Avocats.

La beauté ne produit pas toujours l'amour, mais elle

nous rend toujours intéressantes pour les hommes, même les plus sages ; la mienne me donnoit un accès facile auprès de mes Juges, & ajoûtoit un nouveau poids à mes raisons : elle fit encore plus d'impression sur M. le Président d'Hacqueville, l'un des plus accrédités par sa naissance, par sa place, & surtout par l'estime qu'il s'étoit acquise ; il me déclara à la troisiéme ou quatriéme visite que je lui rendis, qu'il ne pouvoit plus être de mes Juges : ne m'en demandez point la raiſon , ajoûta-t-il , je n'oſerois vous la dire ; je me borne à ſouhaiter que vous daigniez la deviner.

Mon embarras lui fit voir que je la devinois. Nous gardions tous deux le ſilence, quand mon Avocat, qui s'étoit arrêté avec quelqu'un dans la chambre, entra dans le cabinet : ſa préſence fit également plaiſir à M. d'Hacqueville & à moi, car ſon embarras étoit égal au mien, mais il ſe remit aſſez promptement : je ne ſerai pas, lui dit-il, des Juges de Mademoiſelle, je veux la ſervir plus utilement : venez demain au matin, & m'apportez ſes papiers ; nous irons enſuite rendre compte à Mademoiſelle de ce que nous aurons fait.

Je ſortis ſans avoir prononcé une parole. Ne craignez point, me dit le Préſident, en me donnant la main, de recevoir des ſervices dont je ne demande, & dont je n'attens d'autre récompenſe, que la ſatisfaction de vous les rendre.

Eugénie à qui je contai mon avanture, ne la prit pas auſſi ſérieuſement que je la prenois : que voulez-vous, lui diſois-je, que je faſſe d'un Amant ? Je veux, me répondoit-elle, que vous en faſſiez votre vengeur ; que vous vous amuſiez de ſa paſſion : que ſçavez-vous ? Il vous plaira peut-être : vous connoiſſez ſa figure, ſon eſprit eſt bien au-deſſus : c'eſt par ſon mérite, plus encore que par ſa naiſſance, qu'il eſt parvenu à la charge de Préſident à-Mortier, dans un âge où l'on eſt à peine connu dans les places ſubalternes : le cœur me dit qu'il eſt deſtiné pour mettre fin à votre Roman.

Hélas ! elle étoit bien loin de deviner ; on verra, au contraire, que je n'en fus que plus malheureuſe.

Sous prétexte de mes affaires, le Président d'Hacqueville me voioit presque tous les jours : ses soins & son assiduité me parloient seuls pour lui : d'ailleurs, pas un mot, dont je pusse prendre droit de lui défendre de me voir. Tant d'attention, tant de respect auroient dû faire sur moi une impression bien différente de celle qu'ils y faisoient : ils me rappelloient sans cesse le souvenir de Barbasan ; c'étoit ainsi qu'il m'avoit

voit aimée : il ne m'aimoit plus, & je ſoupirois avec une extrême douleur.

Eugénie me reprochoit ſouvent ma foibleſſe : comment, me diſoit-elle, pouvez-vous conſerver cette tendreſſe pour quelqu'un que vous ne ſçauriez eſtimer ? L'eſtime, repliquois-je, ne fait pas naître l'amour, elle ſert ſeulement à nous le juſtifier à nous-mêmes : j'avoue que je n'ai plus cette excuſe à donner à ma foibleſſe ; mais je n'en ſuis que plus malheureuſe : ayez pitié de moi, ma chere Eugénie, ajoûtois-je, que voulez-vous, je ne puis être que comme je ſuis.

Après quelques mois, elle & le Commandeur de Piennes me parlerent plus clairement. Mes affaires étoient toutes terminées à mon avantage, & je devois aux ſoins du Préſident d'Hacqueville la juſtice qu'on m'avoit rendue, & la tranquilité dont j'aurois pu joüir, ſi mon cœur avoit été autrement fait. Il n'y avoit plus moyen de recevoir aſſidument des viſites, dont les prétextes avoient ceſſé. J'étois embarraſſée de le dire à M. le Préſident d'Hacqueville, je voulois qu'Eugénie & le Commandeur en priſſent la commiſſion. Il nous en a donné une bien différente, répondit le Commandeur ; il veut vous épouſer, & pour vous laiſſer la liberté de répondre ſans aucune contrainte, il nous a priés de vous en faire la propoſition ; & tout de ſuite ils me dirent l'un & l'autre que j'étois trop jeune & d'une figure, qui m'expoſoit à trop de périls, pour reſter fille. Mon Beau-pere encore aigri par le mauvais ſuccès de ſon Procès, pouvoit m'attirer quelques nouvelles perſécutions. Mon avanture n'étoit pas entiérement ignorée, & me faiſoit une eſpéce de néceſſité de changer d'état.

Eugénie ajouta, quand je fus ſeule avec elle, que je

devois me craindre moi-même, que la tendresse que je conservois pour le Comte de Barbasan, la faisoit trembler : s'il revenoit, me disoit-elle, vous n'attendriez pas même pour lui pardonner, qu'il vous demandât pardon. Eh bien, dis-je, je prendrai le Voile. Vous voulez donc, répondit-elle, parce que Barbasan est le plus indigne de tous les hommes, vous enterrer toute vive. Croyez-moi, ma chere fille, ces sortes de douleurs paſſent & laiſſent place à un ennui peut-être plus difficile à ſoutenir que la douleur. Je vous ai ſouvent promis de vous conter les malheurs, qui m'ont conduite ici. Il faut vous tenir parole. Peut-être en tirerez-vous quelque inſtruction : vous apprendrez du moins, par mon exemple, qu'il y a des malheurs bien plus grands, que ceux que vous avez éprouvés.

Ce qu'elle m'apprit de ſes Avantures me fit tant

d'impreſſion, que pour avoir la ſatisfaction de les relire, je la priai de conſentir que je les écriviſſe; & c'eſt ce que j'ai écrit que je donne ici.

Fin de la premiere Partie.

www.ingramcontent.com/pod-product-compliance
Lightning Source LLC
LaVergne TN
LVHW020556230826
846091LV00002B/502

9782019700423